La memoria

855

DELLO STESSO AUTORE
in questa collana

Storie di oligarchi
Il comunista senza partito
La biblioteca scomparsa
La lista di Andocide
Un mestiere pericoloso. La vita quotidiana dei filosofi greci
Il copista come autore
La sentenza. Concetto Marchesi e Giovanni Gentile

nella collana «Il divano»

Demagogia
Manifesto della libertà
Un ribelle in cerca di libertà. Profilo di Palmiro Togliatti

nella collana «Alle 8 della sera»

1914
1956. L'anno spartiacque

nella collana «Prisma»

Vita di Lucrezio

Luciano Canfora

La meravigliosa storia del falso Artemidoro

Sellerio editore
Palermo

2011 © Sellerio editore via Siracusa 50 Palermo
e-mail: info@sellerio.it
www.sellerio.it

Canfora, Luciano <1942>

La meravigliosa storia del falso Artemidoro / Luciano Canfora.
- Palermo : Sellerio, 2011.
(La memoria ; 855)
EAN 978-88-389-2561-0
853.914 CDD-22   SBN Pal0233981

CIP - *Biblioteca centrale della Regione siciliana «Alberto Bombace»*

La meravigliosa storia del falso Artemidoro

La pluriennale esperienza «artemidorea» di Giuseppe Carlucci, Vanna Maraglino, Rosa Otranto, Massimo Pinto, Claudio Schiano, nonché della Societas emunctae naris nel suo insieme, mi è stata preziosa nella realizzazione di questa ricerca.

Praemonitum

Alla fine di luglio del 2004 la Fondazione per l'Arte della Compagnia di San Paolo acquistò, dopo una trattativa di «pochi minuti», un papiro, variamente illustrato, di grandi proporzioni – circa due metri e mezzo – che veniva presentato come il secondo libro della *Geografia* di Artemidoro di Efeso (II secolo a.C.), grande e dimenticato autore greco.

Orbene, questo papiro è l'abile opera di un falsario.

Parte I
Il falso del secolo

I
Scoperte e papiri

Chi crede che gli studi sul mondo antico si occupino soltanto di cose note da sempre si sbaglia. Tra Otto e Novecento vennero fuori molti materiali nuovi: per esempio spezzoni di libri antichi (soprattutto su papiro), sopravvissuti a dispetto dei millenni.

La eco delle nuove scoperte, quando, sempre più di rado, si verificano,* raggiunge un largo pubblico. Oltre vent'anni addietro, si sparse la voce della scoperta, nell'oasi di Dakleh, addirittura di nuovi testi politici di Aristotele: il «Times» di Londra ne parlò in prima pagina, e, a seguire, i grandi quotidiani di tutto il mondo euro-americano. Poi si scoprì che erano testi già noti di Isocrate: ma ugualmente rilevanti, anche se meno eccitanti. Sono trascorsi, e forse per sempre, i tempi "eroici" e fortunati della prima e della seconda grande stagione delle scoperte: a metà Ottocento una 'raffica' di opere di un grande oratore ateniese del tempo di Filippo il Macedone e di Alessandro Magno,

---

* Sulla attuale condizione della papirologia cfr. da ultimo *The Future of Greek Papyrology* di H. Maehler, «Analecta Papyrologica» 21-22 (2009/2010), proemio.

Iperide, che si reputava totalmente perduto; tra fine Ottocento e i primi decenni del Novecento le sistematiche campagne, ricche di risultati dei "cercatori" inglesi, francesi, italiani, americani: e tornarono alla luce Bacchilide, la *Costituzione di Atene* di Aristotele, Callimaco, Saffo, Alceo, Didimo, la *Storia greca* di Teopompo etc.

Quei tempi non torneranno più, e qualcuno ha spiritosamente scritto saggi intitolati: *Si troveranno ancora papiri nel 2084?* Continuano nondimeno le scoperte? Ma vediamo in che senso, oggi, si parla di "scoperte". Questo termine un po' troppo onnicomprensivo indica varie cose tra loro diverse: non soltanto il pezzo ritrovato *in loco* e prima o poi approntato per l'edizione in una delle note collane esistenti, ma anche il raggiungimento del medesimo obiettivo tramite il contatto (non proprio ineccepibile sul piano legale) con 'cercatori' locali protesi al guadagno, nonché il ricorso, sempre disinvolto ma anche rischioso, al mercato antiquario internazionale. In effetti si tratta sempre di 'scoperte'. Ed è legittimo il termine anche nel caso di 'ritrovamenti' operati non già sul sempre meno generoso suolo egiziano, ma nei depositi delle biblioteche che detengono collezioni di papiri (Oxford, Bodleian Library, Sackler Library e altre istituzioni inglesi; Berlino, Staatsbibliothek; Vienna, Papyrussammlung; Firenze, Biblioteca Medicea Laurenziana, Istituto Papirologico "Girolamo Vitelli"; Milano, Istituto di Papirologia, per non citare che alcuni celebri 'depositi'). Quest'ultimo fenomeno è meno *visibile* degli altri, ma è di grande interesse. Le sue proporzioni non vanno sottovalutate: può anzi accadere che proprio per questa via si producano 'scoperte' clamorose. Sta di fatto che si tratta di *migliaia di pezzi* già disponibili, per l'identificazione e il deciframento dei quali ci vorrebbero schiere di studiosi: che invece si assottigliano.

Nessuno è in grado di dire esattamente quanto sia ancora inedito: e d'altra parte, mentre si smaltiscono (o sarebbe meglio dire si scalfiscono) le scorte, i nuovi apporti, soprattutto provenienti dal mercato antiquario, proseguono. La 'confusione' è accresciuta dal fatto che non sempre si riesce a stabilire (per le nuove acquisizioni) o non si è mai avuta (per le scorte giacenti) esatta notizia del luogo e delle modalità del rinvenimento. Il che rende ancora più difficile l'impresa di far parlare tutto quel materiale dal punto di vista, certo non irrilevante, della storia della cultura greca in Egitto: dei suoi flussi, dei suoi orientamenti, delle sue predilezioni, della sua decadenza.

Ai grandi 'tecnici' della papirologia interessò, soprattutto, sin dal principio, accrescere il patrimonio di edizioni dei singoli testi e documenti. E questo è comprensibile e forse anche benemerito, ma comporta qualche rischio: come è accaduto nel caso, ormai celebre, del famigerato "papiro di Artemidoro".

II
Ma che c'è scritto nel cosiddetto papiro di Artemidoro?

Sono cinque anni che il cosiddetto "papiro di Artemidoro" occupa le cronache. La migliore maniera per familiarizzarsi con codesto prodotto è di leggerne una traduzione. Sono in tutto quattro colonne di scrittura. Il proemio occupa le prime due. Esso è stato definito «magniloquente», «divagante» etc.; amor di verità suggerirebbe di chiamarlo *anacronistico*.

[Traduzione]*
Col. I
1 *Chi si accinge ad un'opera geografica*
   deve fornire una esposizione
   completa della propria scienza dopo avere
   in precedenza soppesato l'anima in
5 *rapporto a tale impegno*[1] *con*

---

* Le parti dello pseudo-Artemidoro ricostruite dagli editori LED (Milano 2008: d'ora in poi Ed. LED) in modo altamente fantasioso sono qui presentate senza distinzione di righi.

[1] Questo è anche alla lettera l'esordio della *Erdkunde* di Carl Ritter (1817). Su ciò cfr. «Quaderni di storia» 68, 2008, pp. 236-240. Le parole di Ritter messe a frutto dal falsario sono «*Dans l'introduction à un ouvrage, qui a pour but de réunir en un corps intimement uni dans ses parties et plus scientifique les notions diverses sur la terre il est indispensable avant d'exposer le plan* d'indiquer ce qui dans cette science a rapport à l'homme [...]

volontà ben protesa alla vittoria, e, conformemente
al preannunzio e alla
forza della virtù, rendersi
pronto alle volontà e alle in-
10 tenzioni dell'anima. Infatti non
è una fatica da poco quella in grado
di combattere al fianco di questa
scienza. Infatti io sono
pronto a porla sullo stesso piano
15 della più divina filosofia.
Se infatti tace, la geografia parla con i suoi
dogmi. E perché non sarebbe possibile?
Tante e tali *armi di ogni tipo, mescolate
tra loro*,[2] si porta addosso e a portata di mano,
20 in vista della fatica della scienza,
divenuta faticata.
Uno si impegna a darsi
con continue sofferenze, per
sempre, ai dogmi
25 della filosofia affinché
uno di coloro che filosofeggiano
degnamente, portando quel peso degno di Atlante,
abbia un peso che non affatica
e abbracci

---

l'homme qui veut agir d'une manière efficace doit avoir la conscience intime de ses forces [...] *pour ne pas manquer son but*, doit connaître aussi ses forces intérieures et extérieures [...] c'est l'accord de la volonté avec la force». Il falsario usò, dunque, la traduzione francese (Paris 1835).

[2] «Armi mescolate», espressione frequentissima nelle lingue moderne (centinaia di esempi in tedesco, inglese, francese) non è mai documentata in greco antico. Cfr. *infra*, cap. IX.

30 la propria anima[3] in nulla
affaticata né appesantita; ancora
di più [*scil.* si impegna] ad avere propensione
per la cosa, mentre la sua *anima
e volontà*[4] non sta per nulla inerte,
35 ad essere insonne
guardando tutto intorno, notte e
giorno caricandosi
la maggior parte dei beni
dei precetti. Infatti l'uomo si distende
40 in estasi verso il cosmo[5] e si
consacra tutto intero
ai virtuosi proclami
delle maestose Muse,
44 affinché il divino sche-

Col. II
1 ma [= disegno?] della filosofia, l'uomo
santissimo nella virtù renda.
Allo stesso modo anche il geografo, approdato
sulla terraferma di un
5 paese e conosciuta la superficie del

---

[3] «Abbracciare la propria anima» ricorre soltanto nel *Commento al «Gorgia»* del tardo neoplatonico Olimpiodoro (VI secolo d.C.).

[4] Qui siamo in piena teologia bizantina.

[5] Il verbo greco adoperato per dire "si distende" è ἁπλοῦται. È stato dimostrato da Tatjana Alekniene che questo valore si trova in Plotino (III sec. d.C.), alla fine delle *Enneadi*, dove il filosofo parla dell'estasi dell'anima nel momento della visione dell'UNO. Dopo di che ricorre negli autori cristiani del IV secolo d.C. (Mystérieuse ἅπλωσις dans l'*En.* VI, 9[9] de Plotin, «Philologus» 154, 1, 2010, pp. 57-77).

paese che gli sta intorno e dei
paesi che stanno altrove – essendo stato svolto già
prima un instancabile pluriennale
lavoro. Quello fermatosi si accinge a
10 [ri]conciliare la propria anima
con il paese che gli sta sotto
gli occhi molto volgendo intorno
e facendo scontrare le due maniere mentali di cominciare [*sic*], cioè se debba partire da un'area qualunque del territorio, oppure affrontarlo in tutto il suo insieme, modo di procedere quest'ultimo che si conviene a chi manchi di conoscenze. Accostandosi alla fatica stabilisca il modo di procedere e da quello prenda le mosse. Riceverà garanzie sia da coloro che temono (*i.e.* fuggono) la geografia sia da coloro che non la disprezzano, di padroneggiare la geografia. Combattuto internamente e agitato da pensieri contrastanti, come su una nave resterà, senza aiuto e... in una brutta situazione di bisogno...

Col. IV
1   *A partire dai monti Pirenei fino ai*
    luoghi intorno a Gades e
    <u>*alle zone interne, l'intero*</u>
    <u>*paese*</u> *è detto Iberia e Spagna come sinonimi.*
5   *È stata divisa dai Romani*
    in due province. E nella
    prima provincia rientra
    tutto il territorio che si estende dai monti Pirenei
    a Nova Carthago e

10 *a Castulo e alle
fonti del Baetis. Nella seconda
provincia rientra il territorio fino a Gades
nonché tutta la Lusitania.*[6]
La natura ha un tale, intero,
15 contorno del paese.
Infatti la catena dei Pirenei divide
la Celtica e l'Iberia,
*e un estremo si spinge nella nostra
terra* [sic] *inclinando*
20 *verso il lato meridionale,
il mezzogiorno*; *l'altro
estremo, rivolto verso
nord, si spinge di molto verso l'Oceano.*[7]
Quanto ai fianchi
25 dei Pirenei, gli uni sono rivolti a oriente
e da essi
si rimira una buona parte della Celtica; gli altri
verso occidente e da essi
si rimira [altrettanto?] della Iberia.
30 Stabilito ciò, bisogna
pensare [= immaginarsi] tre lati
che circondano l'Iberia: uno
che si estende dai Pirenei
a Gades. Questo è il lato
35 che si allunga lungo il *mare nostrum*,

---

[6] È il fr. 21 Stiehle di Artemidoro nel riassunto di Marciano, qui rielaborato dal falsario al fine di farne un testo autosufficiente.

[7] È un brano tratto dal *Mare esterno* di Marciano (p. 544 Müller) rielaborato e farcito dal falsario.

*il mare cioè che si trova all'interno
delle Colonne d'Ercole;*[8] ed è parallelo
alle zone che si trovano a mezzogiorno.

Col. V
1 L'altro lato, bagnato
dal mare che sta dalle parti dell'Oceano, e che è
rivolto verso nord,
si estende fin verso occidente e
si unisce al terzo lato, quello che si trova a occidente,
5 nel quale accade che si trovino la Lusitania
e il cosiddetto Promontorio Sacro
e i luoghi dalle parti di Gades [*sic*],
e proprio nelle zone che confinano con i Pirenei
si piega verso oriente. Una parte
10 della Spagna completa anche il contorno di un golfo grandissimo
che giunge fino ai suddetti monti.
Questo golfo si unisce al golfo gallico.
Tale è l'intera forma della Spagna.
Consideriamo ora il suo periplo
15 *in epitome, al fine di pensare*
nel complesso (= in forma complessiva!) *le distanze*
dei luoghi.[9]

---

[8] Autoscolio di indubbio effetto *boomerang* (il falsario non si è reso conto che il vero Artemidoro doveva aver già spiegato ben prima del II libro cosa sia il Mediterraneo).

[9] Così parla Meletios, *Antica e nuova geografia* (1728), p. 2.

Dal Promontorio di Afrodite Pirenaica fino a Emporion, città colonia dei focesi, stadi 332. Da questa alla città di Tarracona 1508. Di lì fino al fiume Iber ἔσω 92. Da questo fino al fiume Sucro 1048. Di lì fino a Cartagine la Nuova 1240. Da Cartagine fino al monte Calpe 2020. Da questa [?] fino a Gades 544. Tutti [*scil.* gli stadi] dai Pirenei e dall'Afrodision [*sarebbe il tempio?*] fino a Gades 7084, e dopo Gades, in continuità sono fino alla Torre e al porto di Menesteo 7170. Da questo fino alla seconda bocca dell'Asta 120. Dopo questo [*sic*] fino al fiume Baetis 684 [*qui viene allegramente fatto "espungere" il* χ]. Dopo quest<o> fino a Onoba 280. Di lì fino a Mainoba 78. Dopo questa, fino alla città Ipsa 24. Dopo questa fino alle foci (*estuario?*) dell'Ana sono, della linea retta dove c'è la città Cilibe, stadi 36. A partire dalla foce dell'Anas segue (ἐκδέχεται) la punta del Promontorio Sacro e fino al luogo ultimo sono 1092 stadi. Se uno doppia quel capo fino alla torre di Salacia sono 1200 stadi. E di lì fino alla foce del fiume Tago 320. Da questo fino al fiume Duero 1300. Dopo questo sfocia, a 180 stadi, il fiume Oblevion. Codesto viene chiamato anche Lethes [*sic*] e Limias. Dopo questo fino al fiume Benis 110. Da questo fino al Promontorio degli Artabri 1040. Da questo fino al Porto Grande [stadi] 40. Il resto della costa non l'ha visto nessuno.

III
«Tempesta sotto un cranio»

Col. II, 12-23: «... molto guardando intorno e facendo scontrare le due maniere mentali di cominciare [*sic*], cioè se debba partire da un'area qualunque del territorio, oppure affrontarlo in tutto il suo insieme, modo di procedere quest'ultimo che si conviene a chi manchi di conoscenze. Accostandosi alla fatica stabilisca il modo di procedere e da quello prenda le mosse. Riceverà garanzie sia da coloro che temono (*i.e.* fuggono) la geografia sia da coloro che non la disprezzano, di padroneggiare la geografia. Combattuto internamente e agitato da pensieri contrastanti, come su una nave resterà, senza aiuto e... in una brutta situazione di bisogno...».

Queste deliranti direttive, frutto di una prodigiosa *lettura dell'invisibile* ad opera dei fantasiosi editori LED, hanno comunque una caratteristica che è rimasta in ombra: dimostrano inequivocabilmente, se pur ve ne fosse bisogno, che siamo di fronte ad un *inizio*. Chi scrive in quel modo sta discettando su *come incominciare un'opera geografica*. Perciò descrive il dilemma mentale di chi deve incominciare e non sa da dove incominciare. E, per dir questo, ricorre alla ridicola espressione «i proemi della mente», che gli interpreti LED con mal riposta *pietas* traducono «le due [?] maniere mentali di cominciare». E ordina: «stabilisca il modo di procedere, e di lì prenda le mosse»! Ma ha appena detto che una delle due opzioni va scartata...

Tutto questo comico balbettio conferma quanto si ricava già dal primo rigo della colonna I («chi si accinge ad un'opera geografica» etc.) *che cioè lo scrivente ritiene di trovarsi al principio dell'opera tutta*; e che dunque questo dissennato proemio vuol essere il proemio generale, non il proemio del secondo libro (come dovrebbe, se davvero si trattasse della Spagna di Artemidoro).

Gli argomentini addotti per attutire questa rovinosa constatazione («anche Tolomeo pose un proemio al principio del libro II»: ma lì si tratta di tutt'altro, cioè di espressioni di passaggio da un libro all'altro) si sbriciolano definitivamente. Del resto non va dimenticato che Bärbel Kramer, la meno inconsapevole dei tre editori LED, aveva ad un certo momento adottato la tesi che il papiro contenesse «estratti» (*extractos*) e che il primo di tali «extractos» fosse appunto questo proemio generale sulla geografia.

Muore dunque definitivamente la fantasia che si sia, con questo papiro, di fronte al II libro di Artemidoro. Per giunta le inoppugnabili osservazioni di Giambattista D'Alessio e di Guido Bastianini hanno dimostrato che l'insulso proemio dovrebbe addirittura essere spostato dopo la fine della colonna quinta: il che comporta che si tratterebbe, al più, di uno sproloquio generico sulla geografia che non ha gran che da fare con Artemidoro.

Anche il seguito del brano si può intendere solo se chi scrive ritiene di trovarsi in una situazione *esordiale*. Il vaniloquio infatti seguita così: «il geografo (dopo aver scelto da dove incominciare) riceverà garanzie, da parte di coloro che temono e non disprezzano la geografia, che si terrà entro l'ambito della geografia» [con buona volontà e incrollabile *pietas* gli editori LED traducono: «che padroneggerà la geografia»]. Ancora una volta è chiaro che chi parla (o straparla) così vuol far capire che sta ponendo le basilari premesse concettuali di partenza. Delizioso, e conforme all'intento, anche il finale: «sballottato (κυματιζόμενος) da pensieri che si scontrano, come in una nave, resterà senza aiuti (ἀβοηθήτως μενεῖ), in cattivo bisogno (ἐν κακῇ δεήσει)...». Il quadro si addice al doloroso *inizio* dell'opera del geografo. *Tempesta sotto un cranio*, dunque. È il caso di rievocare ancora una volta questo magnifico titolo di un capitolo dei *Miserabili* di Victor Hugo.

Questa parte della seconda colonna, che così chiaramente impone di pensare che lo scrivente immaginava di dar vita ad un proemio generale sulla geografia, nel *Tre vite* (2006) fu esclusa dalla traduzione (pp. 156-157): lì mancano *soltanto questi righi*. E non certo perché gli autori stentassero ancora ad interpretarli, visto che avevano già terminato il lavoro editoriale (cfr. *Tre vite*, pp. 15 e 91). Si tratta di righi talmente insistenti sul tema del *come iniziare* che sarebbe stato imbarazzante negare o nascondere la loro natura di (aspirante) *inizio di tutta l'opera*. Invece, una volta 'affogate' quelle parole nel caotico magma dell'elefantiaca e dispersiva edizione LED, tutto poteva passare inosservato tra le centinaia di descrizioni da farsa delle tracce puntiformi di ipotetici svolazzi: anche un eventuale riferimento a Costantino il Grande o a Carlo Magno.

IV
La favola delle «tre» vite

La caotica varietà di soggetti e di materiali che si accalcano sul *recto* e sul *verso* del cosiddetto Artemidoro ha richiesto la formulazione di una contorta teoria che desse conto appunto di tale varietà. Cercheremo di sintetizzarla.

Cosa contiene questo papiro?

Sul *recto* ci sono cinque colonne di scrittura e una serie di disegni. Per l'esattezza: due teste barbate nello spazio iniziale privo di scrittura; uno schizzo paesaggistico (pomposamente definito "mappa" o "carta") tra le colonne III e IV; una serie di mani e piedi umani dopo la colonna V; e, all'altro capo del rotolo, altre tre teste (due che si fronteggiano e la gran barba di una terza, in parte perduta, che sovrasta le altre due).

Sul *verso* invece ci sono 42 figure animalesche accompagnate da didascalie in greco.

Dinanzi a tale congerie, gli editori di questo strano oggetto hanno elaborato sin dal primo momento una teoria divenuta ormai celebre per il suo carattere alquanto temerario: hanno immaginato che questo rotolo avesse, al tempo suo, vissuto "tre vite", o forse quattro. Ecco, in sintesi, come tali vite si sarebbero svolte.

1. Qualche decina d'anni dopo la morte di Artemidoro di Efeso (fine II secolo a.C.), forse verso il 50 a.C., qualcuno, su commissione, incominciò ad allestire un'edizione «di lusso» («Prachtausgabe» scrisse il Gallazzi nell'edizione della IV colonna pubblicata in «Archiv für Papyrusforschung» 1998, p. 189) della *Geografia* di Artemidoro, o comunque del libro II (la Spagna).

2. Il testo terminò con la colonna V e il rotolo passò dall'*atelier* del copista a quello di un artista-disegnatore incaricato di inserire, inframmezzate alle colonne di scrittura, delle carte geografiche. A questo punto avvenne un "incidente". Il disegnatore si applica, intraprende il suo lavoro e disegna tra la colonna III e la IV dei fiumi e delle casette. Il disegno dovrebbe rappresentare una parte della Spagna, ma non è quella la parte che si desiderava figurasse lì: se ne voleva un'altra. Il committente s'indigna. Il lavoro viene interrotto, il papiro viene gettato via (*Prima vita*).[10]

3. Il rotolo, rimasto bianco per largo tratto (a destra della colonna V), viene derelitto e giace abbandonato per moltissimo tempo. Parecchi decenni dopo però viene ripescato, nell'*atelier* di un artista-disegnatore. Egli constata che il *verso* è bianco e prende la decisione di utilizzare appunto il *verso* per farne un "quaderno" o "prontuario" di disegni esclusivamente animaleschi.

---

[10] Rendendosi conto dell'assurdità di un tale comportamento, Gallazzi azzarda una spiegazione psicodrammatica: «Si potrebbe immaginare – scrive – che il committente, venuto a conoscenza dell'errore, si sia rifiutato di ritirare il rotolo [che dunque era concluso: altro che spazio lasciato bianco «per le ulteriori carte» dopo la col. V!] e ne abbia imposto [*sic*] un completo rifacimento» (Catalogo *Tre vite*, p. 18, col. 3).

A qual fine? Per clienti unidirezionali nel gusto, protesi cioè a decorare le proprie ville unicamente con figure di animali (*Seconda vita*).

4. Ma, com'è fatale, i gusti cambiano. Clienti interessati a decorare le proprie ville con quelle figure di animali scarseggiavano o addirittura non ce n'erano più. Il rotolo venne di nuovo abbandonato e daccapo giacque. E tuttavia, un mezzo secolo più tardi, qualcuno lo andò a ripescare e si accorse che sul *recto* c'era ancora qualche decina di centimetri di spazio bianco e decise – forse anche per uno spasmodico senso dell'economia – che se ne potesse fare ancora uso: e cioè come spazio in cui potessero esercitarsi dei «giovani allievi disegnatori» intenti a studi del corpo umano a partire da pezzi di statue. Il sofisticato obiettivo ha prodotto in tutto cinque mani, sei piedi e cinque (o forse sei) teste, infilati dovunque c'erano spazi utili. Ben modesto risultato, a pensarci bene, per una intera "scuola". A meno che non si debba pensare che altri metri di papiro bianco spettanti pur sempre a questo rotolo fatato e longevo siano andati persi. In tal caso, però, dovremmo dedurre che *lo spreco all'origine fu ingente*: il rotolo era stato utilizzato solo in minima parte e tuttavia fu buttato via *in toto*. Pazienza (*Terza vita*).

5. Ancora dopo 150 anni a partire dal suo primo impiego, il rotolo era pur sempre in vita. Dopo il regno di Domiziano (difficile dire *quanto* dopo) lo si ritrovò ancora una volta, da qualche parte, e ci si decise a porre fine alla sua esistenza. Fu ridotto in pezzi (addi-

rittura 50?) e utilizzato, insieme con ben 25 documenti (così ci viene detto), capaci di produrre altri 150 frammenti (evviva le cifre tonde), come riempitivo di una maschera funeraria. (Ancorché d'oltretomba, questa potrebbe pur sempre considerarsi una *Quarta vita*).

Il disegnatore delle mappe e il copista del testo letterario lavoravano forse fianco a fianco, dandosi il cambio? Quest'ipotesi sembra improbabile. La cosa più ovvia è che il disegnatore subentrasse quando il copista aveva finito la sua parte. E allora come mai il disegnatore, nel caso del cosiddetto "Artemidoro", sarebbe subentrato quando ancora mezzo rotolo era da scrivere? Il tentativo di risposta a questa difficoltà grave è stato che *tutto il resto del recto fosse destinato a ricevere mappe*;[11] e che, la prima di esse essendo (non si vede perché) "sbagliata", si sia rinunciato a disegnare tutte le altre.

Ma una tale ipotesi è indebolita dal fatto che ben poco testo è stato scritto (coll. IV e V) e che molto altro riguardante la Spagna avrebbe dovuto esserci nel libro II del vero Artemidoro. O invece la trattazione relativa alla Spagna era tutta lì, in quelle due colonne (e perciò tutto il resto del *recto* era destinato ad accogliere mappe)? La pagina 18 (col. 2) del Catalogo *Tre vite* lascia intendere proprio questo. E allora che fine avrebbero fatto tutti gli altri frammenti dal libro II noti per tradizione indiretta ma assenti nel papiro? E

[11] Catalogo *Tre vite*, p. 18, col. 2.

poi: come mai le mappe tutte insieme? La dinamica resta incomprensibile: il copista interrompe il suo lavoro e già il disegnatore è all'opera.

Una considerazione comunque si impone. Essendo il cosiddetto *agraphon*[12] e le colonne I-III (contenenti un testo di carattere generico-introduttivo) separati da una consistente frattura rispetto al resto del rotolo, una decorosa via d'uscita sarebbe stata quella di sostenere che il primo pezzo, poiché contiene una prefazione di contenuto palesemente generale *ed esordiale*, apparteneva al rotolo del libro I, mentre il secondo pezzo (descrizione sommaria della Spagna) rientrava nel rotolo del libro II. Ma questa via d'uscita è preclusa: giacché in tal caso bisognerebbe pensare che sia il rotolo del libro I che quello del libro II ebbero lo stesso destino di riuscire entrambi sbagliati e di essere quindi entrambi riutilizzati per disegni dello stesso tipo sul *recto* e sul *verso*. Una 'fatalità' che nessuno si sentirebbe di affermare e che dunque rende ipotesi 'coatta' quella di considerare il tutto (prefazione, Spagna, mappe etc.) appartenente ad un unico rotolo e di immaginare quindi che una siffatta prefazione di carattere palesemente esordiale («Colui che si accinge etc.» sono le prime parole) figurasse in cima al libro II, in contrasto con ogni elementare buon senso, oltre che con ciò che sappiamo di Artemidoro.

[12] Sezione iniziale di rotolo, di norma non coperta da scrittura, ma nel caso dello pseudo-Artemidoro occupata da due teste barbate, l'una frontale e l'altra di profilo.

Non dimentichiamo poi la dinamica che ci viene descritta. Quello che siamo invitati a immaginarci è un rotolo imponente, con rade colonne di scrittura alternate a cospicui spazi bianchi di quasi un metro per volta, rotolo che viene – in tale stato – portato nell'atelier del pittore perché sia "completato". Alla domanda: «come faceva il copista incaricato di scrivere il testo a sapere quanto grandi sarebbero state le mappe?», si risponde: si regolava sul modello. Ma allora come fece il disegnatore, pur disponendo di tale modello, a copiare una mappa in luogo dell'altra? Specie se le mappe non erano che due o tre, l'errore appare quanto mai inverosimile. A meno di non ricadere nell'ipotesi che *molte* mappe figurassero a corredo della Spagna e che il testo vero e proprio fosse ben poca cosa.[13] E allora resterebbero fuori tanti frammenti noti del libro II.

Non minori riserve suscita la curiosa teoria mirante a giustificare l'eccessiva difformità delle colonne: variabili nella larghezza, nella lunghezza e nell'interlinea (dunque con un effetto agli antipodi dall'elegante "edizione di lusso" ipotizzata dagli editori), e ciò «nell'intento di far coincidere ogni interruzione con la fine di una colonna». Il che significa in pratica che il copista, pur avendo un modello – al quale, ci viene detto, rigorosamente si atteneva –, incominciava la colonna a casaccio e poi faceva sforzi di aggiustamento per mante-

---

[13] Poco più che un elenco di toponimi a commento delle varie mappe, come sembrava suggerire il Gallazzi nella sua intervista alla «Padania» (vd. oltre, cap. VI, § 1).

nersi fedele al criterio della rispondenza colonna/cesura. L'unica spiegazione possibile sarebbe che già nel modello ci fosse questa "fisarmonica" delle colonne. E nel modello del modello. E così *ad infinitum*. Se invece il modello era ben fatto e regolare, perché mai il nostro copista non si sarebbe semplicemente attenuto al modello anche per quel che riguarda ampiezza e lunghezza delle colonne? Eppure ci viene detto che si atteneva al modello per l'assetto stesso del manufatto che veniva allestendo, e in primo luogo proprio per la misura degli spazi da lasciare bianchi.

Bisognava inoltre spiegare perché il rotolo fosse stato dismesso. E a questo si è provveduto dicendo: la mappa disegnata tra le coll. III e IV non era quella giusta. Ma come si può affermare questo e al tempo stesso dire che non è chiaro il *contenuto* della mappa?

C'era poi da spiegare il fiorire di immagini: il bestiario sul *verso* e le teste e gli arti umani sul *recto*; nonché le due teste barbate poste al principio. A questo fine sopperiscono la «seconda» e la «terza vita» del rotolo, la cui assurdità è stata or ora messa in luce.

In questa storia delle «tre vite» interviene la vicenda della «macchia d'umido». Poiché quasi nessuna delle teste o piedi o mani ha lasciato traccia "impressa" sul *verso*, si dovrebbe dedurre che la macchia aveva già fatto la sua parte, determinato i suoi effetti (e non era più 'chimicamente' attiva) quando quei disegni furono tracciati sul *recto*. Ma che senso aveva mettersi a tracciar disegni su di un rotolo già rovinato dall'umido e perciò maculato su ambo le facce? Se invece dovessimo credere che la macchia s'è prodotta *dopo*, quando cioè erano stati tracciati anche i disegni, ci si dovrebbe domandare come mai l'inchiostro dei disegni non ha determinato *in pari misura* gli stessi effetti di quello adoperato per le colonne di scrittura.

La giraffa e i due animali che si azzuffano sono "coperti" da quella scrittura capovolta, ma le figure di animali non hanno prodotto quasi per nulla impressioni sul *recto*. Ciò è davvero insostenibile.

Un caso limite è rappresentato poi dalla mezza mano che copre un papero disegnato sul *verso*: si tratta soltanto delle cinque dita; *ma il resto della mano non ha prodotto alcun effetto* [*infra*, tav. 32]. Dobbiamo pensare che *ab origine* fosse stata disegnata solo metà mano? E invece l'altra metà c'è sul *recto*!

Quale lo scioglimento di questo 'dramma'? I «giovani della bottega eseguirono i loro esercizi in un momento imprecisato, ma di certo nel I secolo d.C. [...] col volgere degli anni la produzione della bottega dovette rinnovarsi creando nuove immagini e anche la clientela mostrò probabilmente altre esigenze, sicché il rotolo diventò via via obsoleto. Qualche altro repertorio fu approntato e il papiro servì sempre meno nell'ambito dell'atelier».[14]

---

[14] Stiamo citando dal catalogo *minor* intitolato *A come Artemidoro* (febbraio 2006), pagina segnata Q.

Exempli gratia si può fare un'altra ipotesi, ispirata alla fine dell'«islandese» leopardiano: un'epidemia micidiale falcidiò giovani e anziani della «bottega», e uno di loro fu mummificato e nella sua maschera (o pettorale) fu inserito il papiro, «ritrovato da certi viaggiatori – scrisse il Leopardi –, e collocato nel museo di non so quale città d'Europa». "Fortuna", questa, che però allo pseudo-Artemidoro non è toccata.

V
Come apparve all'orizzonte il cosiddetto papiro di Artemidoro

Rumoroso fu il lancio del grande rotolo di papiro erroneamente attribuito alla *Geografia* di Artemidoro di Efeso. A stare ai racconti disponibili, si dovrebbe credere che il pezzo fosse affiorato all'inizio del Novecento, per restare, di proprietario in proprietario, nell'obliosa privatezza dei collezionisti. Quel che pare assodato, e asseverato pubblicamente anche dall'interessato il 13 marzo 2008 a Berlino, è che *nell'anno 1981* l'egittologo di Trier, Günter Grimm, vide presso quella Università il cosiddetto papiro di Artemidoro già bello e disteso, costituito di larghi frammenti. Ventitré anni dopo, il 4 ottobre 2004, il papiro fu acquistato, ad un prezzo iperbolico, dalla Fondazione per l'Arte della Compagnia di San Paolo di Torino.

Nulla di credibile è stato detto, disdetto, ritoccato, ridetto sulla provenienza e sui primi passaggi di codesto pezzo. Nel *Catalogo* della mostra allestita in onore di quel papiro (8 febbraio-7 maggio 2006, Palazzo Bricherasio, Torino)[15] le prime parole, dovute all'editore, Claudio Gallazzi, paiono non molto incliniti a fornire nomi e date:

---

[15] *Le tre vite del Papiro di Artemidoro. Voci e sguardi dall'Egitto greco-romano*, a cura di C. Gallazzi e S. Settis, Electa, Milano, 2006, p. 15.

«Verso la metà degli anni Novanta, *in una ristrettissima cerchia di papirologi e di studiosi di arte antica*, cominciò a circolare, *molto discretamente*, la voce che *un collezionista non meglio precisato* possedeva un papiro eccezionale, in cui, accanto *ad un testo greco*, comparivano decine di disegni di fattura squisita. *Qualcuno* si mise alla ricerca del pezzo, *qualcun altro* si propose di acquisirlo per la propria istituzione [...] finalmente, *negli ultimi mesi del 1998 il proprietario del reperto*, dimostrando un'encomiabile attenzione per le esigenze della scienza, propose a chi scrive e alla prof. Bärbel Kramer (Trier) di esaminare il suo prezioso oggetto».

L'informazione séguita così:

«Come ha rivelato il collezionista che lo possedeva,[16] il rotolo era *inserito* in un ammasso di *papier-mâché* [cartapesta] fabbricato con papiri divenuti obsoleti, buttati al macero e riciclati».[17]

Sull'origine del papiro ci sono dunque informazioni del tutto vaghe. In codesto capitolo introduttivo del catalogo *Le tre vite* si alternano i termini «ammasso di *papier-mâché*», «conglomerato di papiri», «manufatto di *papier-mâché*», «oggetto». Invece nella conferenza stampa di cui diede conto l'edizione on-line del quotidiano «la Repubblica» (6 febbraio 2006) il medesimo Gallazzi parlò di «pappetta per una maschera funeraria».

---

[16] Si tratta del mercante di origine armena Serop Simonian, Oberstraße 110, Hamburg.

[17] C. Gallazzi, *Il Papiro di Artemidoro: le sue caratteristiche e la sua storia*, in *Tre vite*, pp. 15-19: p. 16.

Che il papiro provenga dallo smontaggio di una maschera fu asserito, su suggerimento del Gallazzi, da Ernesto Ferrero nel romanzo *La misteriosa storia del papiro di Artemidoro*.[18] Ferrero riferisce con scrupolo il pensiero del Gallazzi: il papiro sarebbe servito, debitamente impastato con «colla e gesso», a costituire una «base di maschera funeraria senza troppe pretese» (p. 117). Incredibile affermazione: come risulta dalla cronistoria che diamo nel capitolo seguente, *né Gallazzi né altri ha mai visto quella fantomatica maschera*. Come si fa, allora, a dire che era «senza pretese»? Curiosamente né nel catalogo *Le tre vite* né in quello minore intitolato *A come Artemidoro*, entrambi editi contemporaneamente da Electa, viene mai affermata *esplicitamente* la provenienza del papiro da codesta maschera. Nondimeno in entrambi c'è un capitolo *ad hoc* sui *cartonnages* di mummie, maschere incluse. La notizia della provenienza di questi frammenti da una "maschera" è stata invece data, con circostanziata solennità, dagli editori al mensile «Pharaon» (febbraio 2006, p. 66).

A giudicare comunque dalle magnifiche foto edite nel catalogo *Tre vite* nonché dai sontuosi manifesti messi in vendita dal *bookshop* di Palazzo Bricherasio nonché dalla *ispezione*, reiteratamente compiuta da vari esperti, direttamente sul rotolo esibito al centro della mostra, *non è mai venuta fuori alcuna traccia visibile di colla, o di gesso*. Il che su di un papiro di tali dimen-

---

[18] Torino, «La Stampa», 2006, pp. 103-114, il volume fu poi riedito, immutato, presso Einaudi.

sioni sarebbe impensabile se davvero esso provenisse da *cartonnage*.

Citiamo ancora dall'*Introduzione* al catalogo (*Le tre vite*):

«Non è possibile dire in quale necropoli dell'Egitto e in che tipo di tomba il conglomerato di papiri sia venuto alla luce, giacché esso *fu recuperato da cavatori locali* [*sic!* notizia straordinaria, ma necessariamente inventata di sana pianta] ed entrò *in una raccolta privata egiziana durante la prima metà del secolo scorso* [sarebbe stato interessante documentare questa affermazione], *senza essere accompagnato da indicazione alcuna sul luogo del ritrovamento* [ma come si fa a dirlo?]. Nel secondo dopoguerra, il *manufatto* di *papier-mâché* fu venduto a un amatore europeo, e, *con le debite autorizzazioni* [buona questa], lasciò il paese d'origine.[19] Arrivato in Europa, passò per varie mani [quante?], finché giunse al collezionista [Serop Simonian] che nel 2004 l'ha *ceduto* [per 2.750.000 euro] alla Fondazione per l'Arte della Compagnia di San Paolo. Questo *intenditore* [mai epiteto fu così appropriato] per qualche anno conservò l'oggetto fra i reperti della sua raccolta; poi si decise a farlo smontare per recuperare i papiri da cui era formato».[20]

Questo resoconto tra l'inverosimile e l'ammiccante è caratterizzato da un vero e proprio *hysteron proteron*: a prenderlo sul serio si dovrebbe dedurre che Simonian

---

[19] Su questa "origine" egiziana c'è poi stato un ripensamento, e si è farneticato di una provenienza microasiatica visto lo stravagante "sampi" che il falsario ha profuso nella V colonna.

[20] *Tre vite*, p. 16, colonna 1.

continuò ad avere presso di sé il papiro ormai venduto nell'ottobre 2004 e che peraltro solo dopo l'ottobre 2004 smontò la maschera e trovò che dentro c'era un papiro! Ma forse si tratta solo di una insufficienza espressiva; o più probabilmente è un modo per confondere il lettore e impedirgli di capire che lo scrivente Gallazzi la maschera, di cui parla così riccamente, non l'ha mai vista.

Nella *Misteriosa storia* di Ferrero si legge un ulteriore dettaglio: la scrittura sarebbe emersa dalla maschera perché a lungo esposta al sole. Il miracolo delle maschere piangenti va aggiunto ai numerosi miracoli di Madonne piangenti e prima ancora di statue di Artemide piangenti... Ovviamente la puerile invenzione, non dovuta all'autore del racconto ma al Simonian ed ai suoi clienti, aveva come scopo di far passare l'assurda tesi secondo cui il papiro era, ad un certo punto, sbucato fuori da una maschera.

Simonian ha fatto sapere al *team* Gallazzi-Kramer che lo smontaggio della maschera sarebbe avvenuto in un laboratorio di Stoccarda. Accurate ricerche fatte a Stoccarda dimostrano che non c'è nessun restauratore di papiri in quella città. Sta di fatto che nessuno dei tre editori ha mai *visto* la maschera, bensì solo i pezzi ormai estratti. I quali difficilmente saranno stati 50, a giudicare dalle foto pubblicate dal Settis nel 2008, nel volume *Artemidoro. Un papiro dal I secolo al XXI*, pp. 11-13, e dalle altre (in nostro possesso) che circolarono quando si tentava di "piazzare" il papiro a qualche acquirente. Del tutto fantomatici poi i presunti 150 frammenti di documenti, schizzati fuori anch'essi dalla maschera, a prendere sul serio questa comica favoletta. Sfidando il ridicolo, Gallazzi ha scritto:

«Sono stati ricostituiti venticinque documenti, più o meno completi, ora custoditi presso il centro di Papirologia 'Achille Vogliano' all'Università Statale di Milano».[21]

Mai furono mostrati, ed ormai è troppo tardi per farlo in modo credibile.
Non è mai stato fornito un elenco neanche passabilmente sommario di codesti fantomatici frammenti.
Non esiste nemmeno una foto della maschera.

13 marzo 2008: colpo di scena. Viene esibita, contemporaneamente, a Berlino, in una sala del Museo Egizio e sotto stretta protezione dell'allora direttore Dietrich Wildung, e contemporaneamente anche a Milano, in un'accogliente pagina colorata del quotidiano «Il Sole-24 ore», una foto oblunga raffigurante un oggetto rassomigliante ad un pezzo di stoffa ripiegato su se stesso, battezzato *Konvolut*. La pretesa era che codesto oggetto fosse l'agglomerato racchiudente sia il papiro sia i documenti! Dopo circa un anno una *équipe* della polizia scientifica ha dimostrato che si trattava di un fotomontaggio.

Trascorre ancora un anno e vengono fuori le prove oggettive e la cronologia del fotomontaggio. Prima dunque è uscita di scena la maschera, poi è stato affon-

---

[21] *Tre vite*, p. 16.

dato il *Konvolut*. Di rado si vide nel corso degli studi di papirologia catastrofe così umiliante.

Non deve sfuggire che datazioni diverse sono state, con estrema disinvoltura, fornite a proposito del cammino compiuto *durante tutto il* XX *secolo* dal manufatto-maschera-*cartonnage*-*Konvolut*. Era stato indicato infatti, con precisione, il nome di un collezionista egiziano, Kashaba Pasha,[22] come colui che «all'inizio del Novecento» possedeva *quella* maschera (o «oggetto» che sia). Una volta uscita di scena la maschera, che significheranno ormai le notizie relative a Kashaba Pasha e alle sue maschere di mummia? Assolutamente nulla. Se ne ricava soltanto che erano menzogne.

Date oscillanti vennero fornite anche *sull'ingresso in Europa* del manufatto-maschera: si va dal 1950 (caso isolato: «l'inizio del Novecento») al 1980 circa. La 'stretta finale' nell'*entourage* e sotto la spinta dell'ultimo proprietario, Serop Simonian, viene comunque collocata intorno all'inizio degli anni Novanta, quando si accende quella curiosità serpeggiante «in una ristrettissima cerchia di papirologi e di studiosi d'arte antica» di cui parla il Gallazzi all'inizio della *Introduzione* al catalogo *Tre vite* (p. 15). Quello che appare a dir poco sorprendente è che, da circa un secolo, *venisse seguito l'itinerario di questa maschera*, e che, via via nel corso dei decenni, peraltro *ignorandosi il prezioso "tesoro" che essa racchiudeva*, ugualmente si continuasse a tenere d'occhio *quella maschera*.

---

[22] La notizia c'è anche nel fanciullesco film proiettato a Torino durante i mesi della mostra, *Le tre vite del Papiro di Artemidoro*.

Se si pensa alla quantità di maschere funerarie in circolazione da decenni e decenni sul mercato antiquario, il fatto che *proprio di questa* si sia seguito il cammino così da presso e con ammirevole costanza, pur ignorandosi il prezioso fardello ivi racchiuso, è fenomeno che può avere a che fare soltanto con ciò che i teologi chiamano PREDESTINAZIONE.

VI
Cronistoria del papiro di Artemidoro

0. *La «maschera di cartapesta»*

«Il Museo Egizio di Torino si arricchisce, grazie al deposito in comodato gratuito della Fondazione di San Paolo, di un papiro ricco di sensazionali novità, per la letteratura e per l'arte. Esso contiene infatti non solo un'ampia porzione di un testo perduto del geografo Artemidoro di Efeso finora noto essenzialmente come fonte di Strabone, ma anche tre diversi strati di immagini: una carta geografica, un repertorio di animali reali e fantastici e infine un taccuino con disegni di figura. Si tratta per nostra fortuna di un papiro molto esteso, un rotolo lungo più di due metri e mezzo e alto circa 32 cm. *Esso viene dallo smontaggio di una maschera funeraria egiziana in cartapesta*. Anzi *nella stessa maschera erano riutilizzati anche una ventina di documenti* in lingua greca del I secolo d.C. [...] Quanto detto sin qui basta e avanza per fare di questo papiro un *unicum* assoluto».

[Settis, «Il Sole» 10.10.2004: ma la notizia sul comodato era precipitosa, cfr., più oltre, alla fine del § 7].

1. *Prime rivelazioni*

[C. Gallazzi, intervista a «La Padania», Nord cultura, 1999, ripresa da Tg0-positivo, 7 luglio 2000]:

1. L'edizione del "papiro di Artemidoro" *sta per uscire* a Trier nella collana «Aegyptiaca Treverensia» dell'Università di Trier;
1 bis. «From the same mysterious source as the Poseidippos, an even more unexpected treasure *is still to be published*: part of the description of Spain from the work of Artemidorus of Ephesos (c. 100 BC)» [Richard Hunter, «Times Literary Supplement» 29.11.2002, p. 24].
2. La parte più rilevante del nuovo reperto *è la mappa della Spagna nella quale «sono segnati in modo netto e preciso i confini tra la Spagna e il Portogallo»* [*sic*]. [Dieci anni fa, la mappa presentava «molto netto il confine tra Spagna e Portogallo» (cioè tra Iberia e Lusitania)? Nel papiro esibito a partire dal febbraio 2006 non vi è nulla di ciò: si dovrà pensare che si tratti di due mappe diverse? D'altra parte questa 'anticipazione' fornita dal Gallazzi alla «Padania» si accorda bene con quanto mi ha scritto di recente Ludwig Koenen: quando lui vide e fotografò, a Basilea, i frammenti, ormai distesi, del papiro, sulla mappa c'era scritto IBHPIA (e-mail del 19 ottobre 2010: «Damals glaubte ich in der Karte *Iberia* in Griechisch zu lesen, aber ich kann es in der Edition nicht finden», «All'epoca credetti di leggere nella carta la parola

greca IBHPIA, ma non riesco a trovarla nell'edizione»)].

3. «a realizzarla furono alcuni cartografi originari di Alessandria d'Egitto».

4. «*a commento della cartina*, su un lato del papiro è riportata una parte di un trattato del geografo Artemidoro di Efeso [...] in cui si parla proprio di Spagna e Portogallo».

5. «Un altro pittore» [rispetto a quello della mappa] «copiò alcune statue innalzate ad Alessandria: Zeus, Apollo, Alessandro Magno»; costui «riutilizzò il papiro per scopi diversi da quelli originari».[23]

6. L'inchiostro usato per la mappa era «nero, preparato con fuliggine, gomma arabica, acqua».

7. «La voce» dell'esistenza di questo papiro «correva *da almeno cinque anni* tra gli studiosi [dunque circa 1994], ma solo di recente [1998, si direbbe] i due professori [= Gallazzi e Kramer] sono riusciti a visionare il prezioso reperto».

2. *Seconde rivelazioni*

| Conferenza stampa C. Gallazzi-S. Settis del 26.1.2006 (resoconto in «Repubblica.it» 6.2.2006) | C. Gallazzi, «ekatemerini», english edition, 28.01.2006 |

---

[23] Qui c'è già, *in nuce*, come in «Archiv für Papyrusforschung» 1998, pp. 191, 201 ss., la teoria delle varie «vite» del papiro. Era la *vulgata* diffusa allora, prima ancora che il papiro fosse reso accessibile: anche Del Corno ne «Il Sole-24 ore» del 24/10/1999 parlava di ritratto di Zeus.

1. «Nella prima metà del Novecento, in una <u>necropoli d'Egitto non identificata né identificabile</u>, in una tomba altrettanto vaga, dei tombaroli trovarono una maschera di cartapesta» [proprio quella che, come si vide mezzo secolo dopo, conteneva l'Artemidoro!].	1. «In the early 1900s, local excavators recovered and sold the wrapping-known as *cartonnage* to an Egyptian collector who *owned it for around 50 years*.[24] After passages around Europe, a German collector bought it, opened the *cartonnage* and recovered the fragments of the papyrus».
2. «*Per cinquant'anni*[24] la maschera di cartapesta è rimasta in una collezione egiziana [= Khâshaba è il nome che viene fatto nell'ed. LED, p. 54] fino a quando gli eredi hanno deciso di fare cassa [= vendettero la maschera]».	
3. «Nel secondo dopoguerra[25] fu venduta ad un collezionista europeo [chi?] e "con le debite autorizzazioni" lasciò l'Egitto».	3. «La maschera è stata venduta in modo lecito».
4. «Dopo varie mani» la maschera arrivò «ad un collezionista tedesco» [= Simonian].	4. «Ad un certo punto si è deteriorata perché era stata esposta al sole: a quel punto sono venute fuori alcune lettere e si è posto il problema di smontare la maschera» [Settis, 16.02.2006].
5. «Per qualche anno non accadde nulla finché il collezionista decise di far smontare la maschera per recuperare i papiri che la formavano e ne vennero fuori circa 200 pezzi».	5. «Il mercante dice che lo smontaggio della maschera e montaggio del papiro sono stati fatti a Stoccarda». 5*bis*. «Quando io l'ho visto era già costituito di larghi frammenti». 5*ter*. «Gallazzi e Kramer hanno fatto la perizia sul papiro già semiricomposto» [Settis, 16.02.2006].

[24] Magnifico questo ritrovato per 'divorare' un mezzo secolo; per piazzare l'«apparizione» di un pezzo del genere in tempi in cui siffatte scoperte erano ancora possibili non ci sono altri mezzi.

[25] Nella «Padania» Gallazzi parlava di approdo in Europa negli anni '50.

6. «Per più di dieci anni i pezzi sono rimasti frammischiati <u>in un coacervo informe</u>, ma bastarono a svelare quale fosse il contenuto assolutamente sorprendente» [Dunque i 200 pezzi (= 150 documenti + 50 Artemidoro), pur leggibili (infatti «svelavano il contenuto sorprendente») erano tuttavia frammischiati nel «coacervo informe» (= *Konvolut*). Ma come facevano quei papiri ad essere computabili (200) e nondimeno «frammischiati nel coacervo»? I dieci anni a cui si fa riferimento saranno 1988-1998 visto che nel '98 nell'«Archiv» Gallazzi-Kramer danno già la ricostruzione dell'intero papiro nonché l'edizione della colonna IV. Ma nel 1981 Grimm aveva visto a Trier il papiro già disteso: dunque i dieci anni dovrebbero corrispondere al decennio 1971-1981. Ma allora lo smontaggio dovrebbe arretrare fino al 1971; a partire da tale anno bisogna arretrare ulteriormente di «qualche anno» (vd. punto 5); a ciò vanno aggiunti i passaggi, risalendo sempre all'indietro, da Simonian al precedente «collezionista europeo». E si determina però una contraddizione insostenibile con l'affermazione dell'ed. LED, secondo cui la maschera è approdata in Europa nel 1971] (p. 54).	6. «In origine erano 200 frammenti, di cui 150 documentari. Questi documenti non li ho mai visti. Io non ho mai visto la busta di plastica contenente i papiri documentari». [Settis, 16.02.2006]. «Vorrei concludere con un auspicio: i papiri documentari (una ventina) che facevano parte, col nostro rotolo, di uno stesso *cartonnage*, sono restati invenduti presso lo stesso mercante (mentre qualche anno fa facevano parte dello stesso lotto di vendita). Essi costituiscono l'unico contesto archeologico noto di un papiro tanto importante. [...] C'è dunque da augurarsi che vengano anch'essi acquistati» [Settis, «Il Sole-24 ore» 10.10.2004].
	7. «<u>Fu una follia che i papiri documentari non venissero comprati insieme</u>. D'altra parte avevo fretta di concludere, perché il mio timore era che il proprietario tagliasse a pezzi il papiro e vendesse i disegni singolarmente» [Id.].

3. *False rivelazioni*

«**Per circa dieci anni il papiro è rimasto invenduto** sul mercato antiquario internazionale. Un po' perché la sua esistenza era conosciuta da un ristretto numero di specialisti, un po' perché era difficile fare un prezzo non avendo alcun materiale paragonabile. Salvatore Settis ha detto che da quando scoprì l'esistenza del papiro attraverso le foto mostrategli dall'antiquario dal quale era andato per una stoffetta copta che gli piaceva, **ha speso anni per sensibilizzare all'acquisto i più grandi musei del mondo**, **Louvre**, **British Museum**, quelli tedeschi. Anche il ricchissimo e familiare Getty? "Anche il Getty" risponde Settis. E come è arrivato a Torino? "Perché l'ho proposto alla Fondazione per l'Arte della Compagnia di San Paolo di Torino". È stato difficile? **"Hanno deciso in dieci minuti"**. Dieci minuti, nel 2004, per decidere di pagare **due milioni e 750 mila euro**» (G. Silvestri, «Repubblica.it» 6 febbraio 2006).

[**Louvre** e **British Library** smentiscono]

3 BIS. *Miracoli*

«"At some point, somebody wet it. Where there are holes, the ink was stamped upside down on the other side of the parchment" Gallazzi said. Because of that, even though parts of the paper were lost, the drawings on those parts were not» [«ekatemerini», 28.01.2006].

4. «*Così è se vi pare*»

Ed. LED (marzo 2008)	Settis, *XXI secolo* (novembre 2008)
p. 54: «Vendendo il papiro alla Fondazione per l'Arte [dunque nell'ottobre 2004? Ma forse già prima...], *il proprietario ne ricostruì la storia*. Così si venne a sapere che il pezzo originariamente era contenuto dentro un *Konvolut* di *papier-mâché* che Saiyid Khâshaba Pasha aveva acquistato per la sua collezione di Asyût nella prima metà del Novecento. [E allora tutti i racconti precedenti il 2004 a chi sono dovuti?] Allo smembramento della raccolta Khâshaba, nel secondo dopoguerra...».	p. 7: «Questo *Konvolut* oblungo [...] proviene, insieme con molti altri oggetti oggi in varie collezioni europee e americane, dalla collezione di Saiyd Khâshaba Pasha ad Asyut, *messa insieme nella prima metà del Novecento* e dispersa all'asta, A QUEL CHE PARE, negli *anni Cinquanta* del Novecento».
«l'ammasso di *papier-mâché* era stato esportato con regolare licenza dall'Egitto da un familiare dell'ultimo proprietario,[26] arrivando in Germania nel 1971».	«La maschera appartenne alla collezione Khashaba Pasha, messa insieme agli inizi del Novecento ad Alessandria, e poi dispersa con successive vendite negli anni '60 e '70» [Settis, «Il Sole-24 ore» 10.10.2004].
Ancora più netto, in proposito, il *Tre vite* (p. 16, col. 1): «con le debite autorizzazioni lasciò il paese di origine».	«Tutto quello che sappiamo sulle circostanze in cui il Papiro tornò alla luce proviene da informazioni del dott. Serop Simonian, che ne fu il proprietario dal 1971».
Addirittura sul «Sole-24 ore» del 10 ottobre 2004, p. 43, l'autore di XXI secolo scriveva: «Esportata legalmente dall'Egitto nel 1972, la maschera passò più volte di mano» [curioso che parlasse di "maschera" pur avendo *appena appreso* dal venditore che si tratta di un *Konvolut* riempitivo di «oggetto archeologico poco interessante»].	«Esportata legalmente dall'Egitto nel 1972 la maschera passò più volte di mano» [Settis, «Il Sole-24 ore» 10.10.2004].
	Qui invece sulle licenze si manifesta prudenza: «il rotolo di Artemidoro al momento della scoperta e della esportazione [...] non era visibile nemmeno come frammento papiraceo, usato com'era nella funzione di riempimento o supporto di un oggetto archeologico, *forse dall'apparenza non molto interessante*; perciò una licenza di esportazione poté essere concessa» (*ibid*).

[26] Se esistesse tale «licenza», sarebbe stata prodotta.

p. 54: «Dieci anni dopo [*scil.*: dopo il 1971] il *Konvolut* fu smontato a Stoccarda».	p. 9: «Il progressivo smontaggio [una delizia quel «*progressivo*»] del *Konvolut* avvenne, A QUEL CHE PARE, a Stoccarda verso il 1980».

5. *Nel nome di* Rashomon: *sinossi delle diverse «verità»*

Gallazzi (*Tre vite*, p. 16)	Settis (*XXI secolo*, p. 7)	Settis («Il Sole-24 ore» 10 ottobre 2004)
«Nella prima metà del Novecento il conglomerato di papiri» contenente l'Artemidoro, scavato in una necropoli e recuperato da cavatori locali, entra «in una raccolta privata egiziana *senza indicazione alcuna sul luogo di ritrovamento*» [dettaglio reso noto probabilmente da Allah].	«Il *Konvolut* oblungo, o meglio l'oggetto imprecisato di cui faceva parte proviene [...] dalla collezione di Khashaba Pasha messa insieme nella prima metà del Novecento	«La maschera appartenne alla collezione di Khashaba Pasha, messa insieme agli inizi del Novecento ad Alessandria [*sic*],[27]
«Nel secondo dopoguerra il manufatto di papier mâché fu venduto ad un amatore europeo e con le debite autorizzazioni lasciò il paese d'origine» [chi afferma questo, intanto può dirlo in quanto conosce data dell'acquisto e nome dell'acquirente: altrimenti è un inutile *sentito dire*].	e dispersa all'asta, a quanto pare, negli anni Cinquanta del Novecento»: comunque «prima della legge egiziana del 1972 che impose regole assai più strette»	e poi dispersa con successive vendite negli anni '60 e '70 [*sic*]». «Esportata legalmente dall'Egitto nel 1972, la maschera passò più volte di mano in mano,

[27] Ma poi si è preferito parlare di Asyut.

Arrivato in Europa passò di mano in mano «finché giunse al collezionista [= Simonian] che nel 2004 lo *ha ceduto* alla Fondazione per l'Arte della Compagnia S. Paolo».	«il dottor Serop Simonian ne fu proprietario [*scil.* del cosiddetto papiro di Artemidoro] dal 1971».	
Simonian «per qualche anno conservò l'oggetto; poi si decise a farlo smontare per recuperare i papiri da cui era formato» [dunque l'oggetto dimostrava di essere fatto di papiri, e dunque non era quell'«oggetto dall'aspetto non molto interessante» di cui si legge in XXI *secolo*, p. 7].	pp. 9-11: «Il progressivo smontaggio del *Konvolut*, documentato da questa foto [unica superstite testimonianza della fase di smontaggio!] avvenne, a quel che pare, a Stoccarda verso il 1980.	finché un collezionista [Simonian, che però secondo Settis, XXI *secolo*, p. 7, possiede la maschera già dal 1971] si accorse che il *cartonnage* conteneva papiri iscritti [?] e figurati, e decise di farla smontare. Si ricompose così via via il rotolo come oggi lo vediamo».
«Se ne ricavarono all'incirca 200 pezzi, che restarono frammischiati in un coacervo informe [coacervo informe = *Konvolut*?] per più di un decennio	Dallo smontaggio emersero via via circa 200 frammenti di papiro che all'inizio era molto difficile rimettere insieme».	
ma furono sufficienti per svelare quanto prezioso fosse il contenuto del conglomerato [qui torna il «conglomerato» che però apparirebbe essere altra cosa rispetto al "coacervo informe" (= *Konvolut*) giacché per arrivare dal «conglomerato» al "coacer-	[p. 10] «Via via che il lavoro proseguiva, diventava evidente la caratteristica più singolare di questi frammenti: il gran numero di disegni […] affiancati a colonne di testo».	

52

vo informe" c'è di mezzo lo <u>smontaggio</u> del conglomerato! N.B.: Che il "coacervo informe" sia da identificarsi col *Konvolut* sembra chiaro: nell'ed. LED (2008) infatti si legge (p. 54): «<u>Dieci anni</u> dopo [*scil.*: dopo il 1971] il *Konvolut* fu smontato a Stoccarda». L'elemento congiuntivo è, ovviamente la gloriosa fanfaluca dei "*dieci anni*". Solo che in ed. LED non c'è più lo sdoppiamento gallazziano – confermato dal medesimo anche a «la Repubblica» online del 6 febbraio 2006 –: a) "conglomerato"; b) "coacervo informe...". Nondimeno va segnalato che, dal *Tre vite* all'ed. LED, il "coacervo informe" diventa "coacervo di frammenti" di cui si potevano leggere «alcune righe di testo e contemplare i disegni» (p. 53). p. 15: «<u>verso la metà degli</u> anni Novanta cominciò a circolare, in una ristrettissima cerchia di papirologi, la voce che un collezionista non meglio precisato possedeva un papiro eccezionale in cui,	«Negli anni Ottanta del Novecento qualche papirologo cominciò ad essere consultato e poté sommariamente esaminare i frammenti, la natura di quel testo risultò	

accanto a un testo greco, comparivano decine di disegni di fattura squisita. Qualcuno si mise alla ricerca del pezzo, qualcun altro si propose di acquisirlo [...] le notizie sul papiro rimasero quanto mai vaghe. Finalmente negli ultimi mesi del 1998 il proprietario propose a chi scrive e alla prof. B. Kramer (Trier) di esaminare il prezioso oggetto e presentarlo su di una rivista specializzata [= «Archiv für Papyrusforschung» 1998]». «Una volta pubblicato l'articolo, i due autori avevano sospeso le loro ricerche sul papiro, riprendendole poi nel 2002, ma in maniera saltuaria. Solamente nell'estate 2004, dopo che il reperto era stato acquistato dalla Fondazione per l'Arte della Compagnia di S. Paolo ed era stato trasferito presso il laboratorio di papirologia dell'Università di Milano, <u>le operazioni di restauro</u> hanno potuto <u>essere completate</u>».	SUBITO evidente: si trattava di un ampio segmento di un'opera geografica» [Altro che «più di 10 anni di coacervo informe costituitosi a seguito dello smontaggio ma totalmente trascurato e da nessuno studiato per tutto quel tempo»!!].	S. Settis, «la Repubblica» 22 settembre 2006, p. 63: «Non dimentichiamo che il restauro del papiro, operazione preliminare alla sua pubblicazione, si è concluso *poco più di otto mesi fa*» [*sic*].

| | p. 118: «È possibile che si venga a sapere qualcosa di più *sul contesto archeologico*, sulla provenienza» [*sic!!*] [dai tombaroli amici del defunto Khashaba??]. | «Anzi nella stessa maschera erano riutilizzati anche una ventina di documenti in lingua greca del I secolo d.C. *che appartenevano in parte al carteggio del governo romano della provincia d'Egitto* [...]».[28] |

Gallazzi, Ed. LED, p. 53	Kramer, lettera del 24 novembre 2006
«Finalmente negli ultimi mesi del 1998 il proprietario del papiro, dott. Serop Simonian autorizzò due di noi ad esaminare *il pezzo* [*sic*]. [...] *Tre giorni di lavoro permisero di ricomporre almeno sommariamente il rotolo*, di avere un'idea del suo contenuto e di approntare una prima trascrizione del testo».	«Solo alla fine del 1998 io ho visto, per la prima volta in originale, il papiro, *che nel frattempo era stato ricomposto*, e fui richiesta di collaborare al rapporto preliminare» [«Ende 1998 habe ich den Papyrus zum ersten Mal in Original gesehen, *in der Zwischenzeit zusammengesetzt, und wurde eingeladen, an dem Vorbericht mitzuarbeiten*»].

6. *Commento e deduzioni cronologiche elementari*

Se Simonian è proprietario dell'«oggetto» *dal 1971*, e se sono esatte le date fornite da Gallazzi, si devono sommare i seguenti periodi di tempo:

a) «per qualche anno» l'oggetto, acquistato nel 1971, resta *intatto* presso Simonian [saranno almeno due i *pochi* anni?];

[28] Dettaglio maestoso.

b) dopo questo imprecisato numero di anni, l'oggetto viene smontato e produce 200 pezzi;

c) però «*per oltre 10 anni*» questi pezzi restano «frammischiati in un *coacervo informe*» [saranno almeno 11 questi anni, essendo «oltre dieci»].

Così si giunge, tenendosi "al ribasso", al seguente calcolo:

1971 + 2 + 11 = 1984 (o forse anche più).

Dunque nel 1984 (al minimo) dovrebbe esserci ancora il «coacervo informe». Eppure già nel 1981 Grimm e Shelton *vedono* ed esaminano, a Trier, i pezzi del papiro *già distesi* (Ed. LED, p. 54). Dunque già nel 1981 non ci doveva essere più il «coacervo informe» quasi indecifrabile, ma una serie di pezzi cospicui di papiro che Grimm e Shelton poterono per l'appunto «esaminare» (Ed. LED, p. 54). Per giunta la carta fotografica su cui è stampata l'immagine del *Konvolut* «in fase di smontaggio» (Ed. LED, p. 61) è stata prodotta e commercializzata solo a partire dal 1988: eppure già nel 1981 il tutto era già smontato!

Per cui non regge proprio la scena (Ed. LED, p. 53) di Gallazzi-Kramer che alla fine del 1998 si trovano di fronte al «coacervo informe» e lo «domano» dopo tre giorni di lotta [ma vedi notizia autentica, fonte Kramer, alla fine del § 5].

Tutta la ricostruzione propinata in vari momenti (nel 2006-2008) da Gallazzi è *pura invenzione*. Infatti Bärbel Kramer testimonia, nella sua lettera a me del

24 novembre 2006 che già prima del 1993 (non sappiamo quanto prima) Simonian aveva inviato a Trier (agli archeologi) una serie di diapositive e di foto in bianco e nero, di varia misura, dei frammenti del testo letterario: «Ich habe – scrive Kramer – Photokopien der Photos gemacht, zerschnitten, wieder zusammengeklebt und, so gut es ging, abgeschrieben und konnte dann irgendwann das Zitat [= fr. 21 = col. IV, 1-13] *knacken*»! [«Io feci fotocopie delle fotografie, le tagliai in pezzi, le ricomposi e – colpo di fortuna – trascrissi e ad un certo punto imbroccai la citazione (cioè il fr. 21 che si ritrova in colonna IV, 1-13)»].

Oltre tutto dalla medesima lettera si ricava che già circolavano, ad opera del proprietario, *separatamente dai «documenti»*, i frammenti del testo letterario: dunque altro che «coacervo informe» e indistinguibile!

Aver continuato a inventare dettagli (inverosimili e non verificabili) è stato un grave errore specie quando si è voluto far entrare in questa storia (o pre-istoria) puramente immaginaria il *Konvolut*. Si sono accavallate due fantasie: nella fantasia nr. 1 il *Konvolut* è ciò che dal primo momento Simonian possiede; nella fantasia nr. 2 c'è prima il *papier-mâché* (che «vive un bel po'»), poi il *Konvolut* (che vive anche lui un bel po').

Esso poi ha creato un pasticcio ulteriore: doveva esser tale che le lettere alfabetiche riconoscibili come parole del papiro di Artemidoro facessero capolino; ma questo contrastava con l'invenzione di partenza (che cioè l'oggetto quando giunse *non* rivelava di contenere papiri); e allora si conia uno stadio intermedio e cioè si pretende che l'oggetto riprodotto dalla foto del *Konvolut* non sia proprio il *Konvolut* ma il *Konvolut* «già in fase di smontaggio», il che contrasta *toto caelo* col suo evidente aspetto di oggetto per nulla "smontato" ma compattamente avvolto su se stesso!

Che tutte le narrazioni siano pura invenzione è anche provato dalla cronologia: nel 1981 Grimm e Shelton già «esaminano» ampi pezzi distesi del papiro di Artemidoro. E comunque nel 1992/3 già Simonian mandava in giro foto dei pezzi del papiro. E allora persone subentrate nella vicenda negli anni Novanta ('93 e seguenti) – Gallazzi, Settis – cosa possono aver *visto* della storia precedente? Ammesso che ci sia mai stata una storia precedente. Assolutamente nulla.

Strani questi due studiosi che si mettono *di buona lena* a raccontare storie su storie di cui non sanno nulla, oltre tutto reiteratamente contraddicendosi e ingarbugliandosi. La leggerezza di quelle dichiarazioni e ricostruzioni analitiche spicca ancor più se si pensa a quanto Settis dice: «Io la maschera non l'ho mai vista. Il venditore *dice* che il restauro fu fatto a Stoccarda», o se si leggono queste parole della prof. Kramer: «Über die Restaurierung des Art. Pap. weiß ich gar nichts, weder wo noch von wem er restauriert wurde. Die Kartonnage in unaufgelösten Zustand habe ich nicht gesehen»! («Del restauro non so nulla, né dove né da chi sia stato realizzato; non ho mai visto il *cartonnage* non smontato»! 24 novembre 2006).

7. *Domande collaterali*

Ma come fanno a scrivere ripetutamente che «nei primi anni Novanta» cominciò a circolare in una cerchia ristrettissima etc. se poi si apprende che già nel 1981 Grimm e Shelton «esaminavano» a Trier quel papiro?

Altre due vite? Questa volta nel Novecento? O forse nel frattempo il papiro ha cambiato 'faccia' (vd. il caso di IBHPIA...)?

A Ferrero hanno raccontato che la "maschera" era stata «regolarmente venduta in Europa agli inizi del Novecento» (*La misteriosa storia del papiro di Artemidoro*, p. 118 [e 108] ed. La Stampa); e che per quasi un secolo essa girovagò fino a raggiungere "il collezionista tedesco". Questi avrebbe acquistato l'«oggetto» nel 1971: data ben scelta in relazione alle leggi egiziane del 1972, ma che costringe ad altri due decenni di andirivieni da 'riempire' con escogitazioni più o meno fantasiose.

Peraltro al «Resto del Carlino» (8 febbraio 2006) Gallazzi parlava di «maschera di *cartonnage* recuperata alla fine dell'Ottocento» [*sic*].

Mentre la notizia fornita a *Exibart.com* durante la mostra (8 marzo 2006) era che «il collezionista tedesco» aveva comprato la maschera «negli anni Cinquanta»... [quando era un bambino].

Si deve forse ipotizzare l'esistenza di una robusta *organizzazione* (*retroscenica*), che costruisce questi falsi? Per esempio a partire da un Artemidoro di Simonidis sottratto a Liverpool? E ne affida la vendita ad esperti "galleristi".

Così si spiegherebbero meglio fenomeni come:
– la scomparsa della didascalia IBHPIA;
– la creazione *ex nihilo* del *Konvolut*;
– la epifania di un pezzetto di testo incollato sul *Konvolut*. Ma su tutto ciò vedi più oltre, la *Terza Parte*.

8. *L'odissea dello pseudo-Artemidoro*

<u>1981</u>: Grimm e Shelton «esaminano» il papiro a Trier.

<u>1993</u>: B. Kramer a Trier lo studia su foto.

<u>1998</u>: Kramer e Gallazzi pubblicano parte della col. IV.

<u>1999</u>: C. Gallazzi dalle colonne della «Padania» annuncia che l'"Artemidoro" sta per essere pubblicato a Trier.

<u>2002</u>: Serop Simonian autorizza alfine Gallazzi e Kramer (?) ad uno studio più approfondito del papiro [FONTE: ed. LED, p. 53], e contemporaneamente il «TLS» (novembre) dà daccapo per imminente l'edizione.

Febbraio 2003: il ministro Giuliano Urbani coinvolge la Compagnia di San Paolo nell'acquisto di *P.Artemid.* [FONTE: ed. LED, p. 54].

15 gennaio 2004: nasce la Fondazione per l'Arte della Compagnia di San Paolo (già Fondazione dell'Istituto Bancario San Paolo di Torino per la Cultura, la Scienza e l'Arte): l'acquisto del *P.Artemid.* è fra i suoi primi atti.

Fine luglio 2004: acquisto di *P.Artemid.* da parte della Fondazione per l'Arte della Compagnia di San Paolo per 2.750.000 euro; trasferimento del papiro al Laboratorio di Papirologia dell'Università di Milano; ennesimo riavvio dello studio del papiro [FONTE: ed. LED, p. 54].

La somma viene anticipata da un «importante studio di avvocato torinese» [FONTE: LED/2, p. 191]. Curiosamente Gallazzi scrive di aver proceduto in questa fase al restauro, ma il restauro – secondo quanto affermato dallo stesso Gallazzi, LED, p. 54 e dal Settis, *XXI secolo*, p. 9 (*dubitanter*) – era già avvenuto ben prima a Stoccarda.

6 ottobre 2004: nasce la Fondazione Museo delle Antichità Egizie di Torino.

6 ottobre 2004: conferenza stampa con l'annuncio dell'acquisto di *P.Artemid.*, alla presenza del ministro Urbani, di Carlo Callieri (presidente della Fondazione per l'Arte), di Alain Elkann (presidente della appena creata Fondazione Museo delle Antichità Egizie).

8 febbraio 2006: inaugurazione della mostra *Le tre vite del papiro di Artemidoro* presso Palazzo Bricherasio a Torino.

Pubblicazione del catalogo *Le tre vite del Papiro di Artemidoro. Voci e sguardi dall'Egitto greco-romano*, a cura di C. Gallazzi e S. Settis.

6 maggio 2006: Eleni Vassilika, direttrice del Museo Egizio, si rammarica che le sale del Museo Egizio siano piene e precisa che «la Fondazione per l'Arte della Compagnia di San Paolo voleva esporre il papiro qui da noi», ma lascia cadere tale richiesta: «non abbiamo a disposizione una parete abbastanza lunga, se ne parlerà dopo il trasloco della Galleria Sabauda. Non ci sono inoltre le condizioni idonee per la conservazione, mancano le fibre ottiche» [FONTE: «la Repubblica Torino» (*Cronache*)].

14 settembre 2006: articolo di Dino Messina sul «Corriere della Sera» *Il papiro è un falso*, che apre la discussione sull'autenticità del *P.Artemid.*

20 settembre 2006: Eleni Vassilika, direttrice del Museo Egizio, precisa di non essere «mai stata interpellata circa la possibilità di esporre il Papiro all'interno del museo» [FONTE: «La Stampa», p. 28].

12 marzo 2008: inaugurazione della mostra *Anatomia del mondo. Scienza ed arte sul Papiro di Artemidoro* a Berlino (dura fino al 30 giugno, poi si sposta a Monaco dall'8 luglio fino al 1° marzo 2009).

In occasione della conferenza stampa, viene presentata l'edizione LED del papiro, alla cui p. 61 è esibita PER LA PRIMA VOLTA la foto del *Konvolut* e viene precisato che è l'unica esistente.

In quest'occasione, peraltro, **esce di scena la maschera** e si comincia a parlare per la prima volta di *Konvolut*.

giugno 2008: crisi al vertice della Compagnia di San Paolo. Cambia la presidenza: l'avvocato Angelo Benessia subentra all'avvocato Franzo Grande Stevens; non intende ereditare le conseguenze delle precedenti scelte.

agosto 2008: avviene il cambio dei vertici della Compagnia di San Paolo. Tentativo di sciogliere la Fondazione per l'Arte, che resiste e tenta di invalidare lo scioglimento.

12 ottobre 2009: il *P.Artemid.* è rifiutato dal Museo Egizio.

Situazione attuale: il papiro è depositato nel centro di restauro della Reggia di Venaria Reale [FONTE: «La Stampa», 12 febbraio 2010].

9. *Postilla sui prezzi*

Il fenomeno che colpisce è la crescita vertiginosa del prezzo di questo papiro dopo la pubblicazione della edizione parziale firmata Gallazzi-Kramer in «Archiv für Papyrusforschung» del 1998. Nell'autunno 1993 il prezzo prospettato alla Cariplo era un miliardo di lire italiane (= 500.000 euro). Nel periodo di tempo intercorso tra il 1981 e il 1992 (sono gli anni in cui Shelton è professore di papirologia a Trier) il papiro viene offerto a Trier per un milione di dollari (= 700.000 euro circa). Nell'ottobre 2004 viene venduto per 2.750.000 euro. Cosa è accaduto nel frattempo che ha indotto Simonian a triplicare o addirittura quintuplicare il prezzo?

VII
Una foto falsata condanna lo pseudo-Artemidoro

Per "salvare" un falso se ne fabbrica un altro? Non è un gesto molto prudente.

Come il lettore ormai sa, quando il cosiddetto "papiro di Artemidoro" (presentato al principio come una mirabolante, ancorché costosa, scoperta) ha incominciato a traballare, è stata sfoderata, per puntellarlo, una foto che avrebbe dovuto mettere a tacere i critici e i dubbiosi: il cosiddetto "Konvolut". La foto raffigura un oggetto oblungo assai confuso, sul quale spiccano, quanto mai nitide, sequenze di lettere alfabetiche, tutte in corretto orientamento di lettura (!), tratte dal papiro. Occhieggiano anche, dalla foto, alcune sequenze di lettere, che si pretende appartengano ai fantomatici documenti che – secondo la leggenda messa in circolazione – dovevano far parte dello stesso ammasso di "carta straccia" in cui era finito il rotolo (lungo oltre due metri) dell'"Artemidoro". Per "strafare", si è voluto che dalla foto occhieggiasse anche una gamba della giraffa raffigurata sul *verso* del papiro (insieme ad altri 40 animali). Anche questa gamba, molto educatamente, si presenta nello stesso orientamento della scrittura.

Dal primo momento la foto, che avrebbe dovuto tenere «le umane genti» «contente al quia», parve essere un fotomontaggio. Né passò inosservato il modo sfuggente adottato per indicare cosa mai essa rappresentasse: «il *Konvolut* in fase di smontaggio» (così fu detto e scritto) e fu premesso che esso aveva costituito il «riempitivo di oggetto non identificato». Se si pensa che pochi anni prima la leggenda era invece molto netta e asseriva che il papiro era scaturito da una maschera funeraria (lacrimante inchiostro), si deve ammettere che da quella giocosa e solare invenzione alla fitta nebbia dell'«oggetto sconosciuto» e del suo riempitivo «in fase di smontaggio» il passo è stato davvero un paradossale tragitto dal cosmos al chaos...

Ma non ci si è voluti fermare alle prime impressioni. Nell'aprile 2009 una relazione tecnica, allestita da una *équipe* della "scientifica" Marche-Abruzzo, documentò che di fotomontaggio si trattava. La dimostrazione fu presentata al convegno internazionale di Rovereto sul cosiddetto Artemidoro (29-30 aprile 2009). Si scoprì allora che quelle nitide lettere alfabetiche, tutte bene orientate per agevolare il lettore, erano anche perfettamente sovrapponibili alle medesime lettere figuranti nel papiro disteso; in barba alle più elementari leggi della prospettiva e a dispetto del fatto che quelle occhieggianti dal "Konvolut" avrebbero dovuto essere ben ben ciancicate, contorte, strapazzate. A questa relazione scientifica (apparsa poi in «Quaderni di storia» 70) reagì flebilmente un metafisico (nel volume antologico della casa milanese LED, *Intorno al papiro di Artemidoro* [= LED^2], marzo 2010), ma il suo intervento non fece in alcun modo progredire l'indagine, recò solo una generica nota di amarezza intonata al «vanitas vanitatum». Più nel merito delle cose voleva andare invece un intervento insistentemente richiesto al fotografo tedesco Hans Baumann. Tale intervento, presentato finalmente a Colonia lo scorso 23 settembre, ha dovuto scontrarsi con un imprevisto: ai primi dello stesso mese infatti era uscito un volume (*La vera storia del papiro di Artemidoro*, edizione del mensile «Stilos») contenente ben due nuove relazioni tecniche che portavano prove definitive del fotomontaggio: 1) la grana della foto varia inspiegabilmente nelle zone con scrittura rispetto al resto e inoltre non è compatibile con esempi di fotografie sicuramente databili agli anni '80; 2) la carta fotografica su cui è stampata la foto è databile, in base al marchio di fabbrica, 1988 e seguenti; e poiché il papiro era già bello e disteso nel 1981 (vedi Gallazzi, Kramer, Settis, *Il papiro di Artemidoro*, Milano, LED, 2008, p. 54), il "Konvolut" che lo conteneva ancora appallottolato *non poteva essere stato fotografato sette anni dopo essere stato smontato*. Era una catastrofe. E infatti disastroso fu l'incontro coloniese, come si ricava dalla cronaca che ne pubblicò la «Frankfurter Allgemeine Zeitung» domenica 26 settembre.

A questo punto un *pool* di ricercatori e competenti di varie discipline tecniche (fotografiche e chimiche) ha realizzato un convegno *Fotografia e falsificazione* (Università di San Marino, Dipartimento di Storia, 5-6 novembre 2010), di cui sono in corso di pubblicazione gli atti. Tra le nuove prove della falsificazione, emerse grazie alle quattro relazioni portanti, segnaleremo qui la più impressionante: quelle belle e nitide lettere, così bene orientate in posizione di lettura, sono anche *poggiate* sull'immagine sottostante; esse sorpassano, senza soffrire né interrompersi, persino le più evidenti fratture del supporto. *Insomma sono subentrate in un secondo momento su di una preesistente fotografia.*

Il convegno, alla cui apertura è stata mostrata una delle tavole settecentesche di disegno accademico, che qui pubblichiamo (nell'appendice iconografica), e che appaiono senza possibilità di dubbio essere fonte della "tavola" figurante nel bel mezzo del papiro, si è concluso con la formulazione di un gruppo di domande rivolte a chi di quella incauta foto si è fatto fornitore e propagatore:

1. Perché è stata abbandonata la iniziale asserzione secondo cui il papiro proveniva dallo smontaggio di una maschera?

2. Perché è stato tirato in ballo un surrogato della maschera ma si è preferito non definirlo in alcun modo?

3. Perché si è voluto far credere del tutto fantasiosamente (ed. LED, pp. 60-61) che l'unica foto esistente di tale "oggetto-surrogato" avesse dimensioni di cm 33x11, mentre la foto effettivamente depositata presso il Centro Vogliano di Milano è di cm 14,5x8,9?

4. Perché la foto (conservata a Milano, Centro Vogliano) è stata ritagliata su ben due lati, come si evince da un raffronto con le misure standard della carta fotografica allora in commercio? Si intendeva celare qualcosa di indesiderato?

5. Perché la fotografia originale del "Konvolut", che teoricamente dovrebbe avere almeno 30 anni e forse più (nel 1981 il papiro era già disteso), non mostra l'inevitabile, coerente decadimento cromatico, ossia la tipica colorazione rossiccia che le stampe chimiche evidenziano con il passare del tempo (la cosiddetta "deriva chimica")?

6. Come è pensabile che dentro l'oggetto lì raffigurato ci fossero 50 frammenti del cosiddetto "Artemidoro" e inoltre gli asseriti 150 frammenti dei *fantomatici* documenti?

7. Perché è stata taciuta fino al giugno 2010 l'esistenza del negativo di quella foto?

8. E come mai esso rientra (così dichiara il proprietario dott. Simonian) in una striscia di quattro fotogrammi, tre dei quali riguardano tutt'altro soggetto?

9. Quali sono i dati di fabbrica di tale pellicola (marca, data del lotto, codice) visto che l'asserita «pellicola Xerox» non è mai esistita?

Accettando il reiterato invito rivoltogli a prender parte al seminario sammarinese, il dott. Simonian avrebbe forse aiutato a chiarire questi interrogativi. Purtroppo così non è stato, ed anche la reiterata richiesta di una scansione di quell'unico fotogramma è caduta nel vuoto.

In queste condizioni ogni ulteriore silenzio su questi punti essenziali suona come conferma definitiva che siamo di fronte ad un doppio falso.

Proviamo a dare noi, per intanto, risposta a questi interrogativi a partire dai dati di fatto finora disponibili.

Hanno «cambiato cavallo» (dalla *maschera* all'*oggetto sconosciuto*) in funzione di quella foto. Poiché quella foto – fornita dal dott. Simonian – *non poteva* conciliarsi con l'ipotesi "maschera", la maschera è uscita di scena. Infatti, una volta adottato quell'«oggetto oblungo», era difficile continuare a parlare di riempitivo di una maschera funeraria.

Proviamo a ricostruire lo sviluppo degli avvenimenti:

1) Poiché l'insistenza sulla maschera è durata per anni e anni e persino il ricchissimo catalogo *Tre vite non* forniva *mai* la foto (a rigore preziosa, se vera!) del "Konvolut", è evidente che per moltissimo tempo l'ipotesi "Konvolut" non era nemmeno lontanamente all'orizzonte.

2) Era così forte il bisogno di cambiare radicalmente ipotesi da indurre fino all'umiliante richiesta «non tenete conto di quanto abbiamo detto in precedenza»! [così si legge nella Ed. LED, p. 53, nota 1].

3) È possibile una sola spiegazione: l'insistente e ben argomentata, e legittima, richiesta di chiarire meglio la provenienza del *P.Artemid.*, nonché la reiterata, imbarazzante segnalazione che non vi erano gli estremi per parlare di *cartonnage* di mummia *hanno imposto di lasciar cadere l'ipotesi maschera.*

4) Ma non si poteva semplicemente dichiarare «abbiamo sbagliato, abbiamo raccontato una favola»; bisognava rispondere alla domanda più che mai ineludibile «donde proviene *P.Artemid.*?».

5) Perciò è stato chiesto un aiuto al «venditore». Il quale, richiesto di fornire un'altra via di uscita (un

altro "scenario"), ha sfoderato la cosiddetta UNICA FOTO. Essa documenterebbe l'*oggetto di partenza* «in fase di smontaggio». Abilmente egli adottò la linea di non precisare di quale mai *oggetto di partenza* si trattasse (e sia pure al 'prezzo' di adombrare, in tal modo, la paradossale sua situazione di aver *acquistato* «*l'ammasso*» *come tale* ovvero addirittura di aver 'dimenticato' quale oggetto avesse a suo tempo comprato contenente «l'ammasso»!).

6) L'operazione era spericolata; gli elementi poco credibili si accavallavano. Per esempio: una sola foto; poi addirittura un solo scatto in una pellicola di *quattro fotogrammi uno solo dei quali riguardante il* «*Konvolut*»: la tavolozza di elementi allusivi alla precedente storiella delle «tre vite»: tavolozza troppo 'completa' per essere credibile (un po' di documenti, un po' di testo letterario, un po' di figure di animali: il tutto sempre nello stesso «orientamento di lettura»!).

7) Ma la spericolatezza forse più incauta consistette nel nascondere le vere dimensioni della foto esibita dal venditore (cm 14,5 x 8,9) e nel far credere che l'altezza dell'oggetto rappresentato fosse «circa cm 33» e la lunghezza «cm 11»; e, inoltre, nel pubblicare una foto (totalmente scontornata) avente all'incirca *quelle* immaginarie dimensioni (Ed. LED, pp. 60-61): un ingrandimento che doveva passare per essere la *vera* foto di dimensioni 1 a 1! Un ingrandimento fatto passare per la foto stessa.

8) Una volta scoperto che la foto 'vera' ha tutt'altre dimensioni, è sorta la domanda: con quale criterio era

stato eseguito *quell'ingrandimento*, avente di mira di raggiungere *quelle proporzioni?*

9) Con il 'criterio' di far credere all'esistenza di un oggetto (ormai "smontato") che aveva avuto *all'incirca l'altezza del papiro* (cioè cm 32,5)! Ma poiché la vera foto è alta appena cm 14,5, ed è *unica*, e non vi è altra documentazione, e per anni si era parlato (da parte del venditore medesimo!) di tutt'altro, cioè della maschera, è evidente che il venditore medesimo non poteva "ricordarsi" (a distanza di 30 anni) che il Konvolut fatto smontare 30 anni prima era stato, da vivo, alto «circa 33 cm»! Era semplicemente un modo di stabilire dolosamente – cioè nascondendo le dimensioni reali della foto – un nesso tra l'immaginario Konvolut ed il papiro.

10) L'altro nesso creato ad arte, ancora più disinvoltamente, *si licet*, è stata la «deposizione» (ci si passi il termine quasi religioso) *sulla foto preesistente* delle lettere ricavate dal papiro: questo meccanismo di «deposizione» o per meglio dire di "fotomontaggio" è stato svelato dapprima dalla polizia scientifica (équipe Silio Bozzi) e poi dalle ricerche di Salvatore Granata, Sergio Namias e Giovanni Bottiroli.

11) Per far credere che il *Konvolut* effigiato nella foto presentasse le stesse lettere del *P.Artemid.* bisognava ingrandire la foto fino a portare le lettere spalmatevi sopra *alle medesime dimensioni* delle lettere del *P.Artemid.* Alla domanda dunque «con quale criterio, con quale unità di misura e avendo di mira quale punto di arrivo, la foto è stata (con operazione tenuta celata)

ingrandita?» la risposta è: avendo di mira di creare un ingrandimento del Konvolut in cui le lettere apparissero delle medesime dimensioni che nel *P.Artemid.*

12) Di conseguenza, la situazione in cui si è posto il venditore facendo allestire quel fotomontaggio era tipo "Scilla e Cariddi": per un verso le lettere *tratte dal* papiro e poggiate sulla foto di partenza *dovevano* – perché l'operazione funzionasse – avere le medesime dimensioni di quelle figuranti *nel* papiro; per l'altro verso la sovrapponibilità perfetta delle lettere del papiro rispetto a quelle 'spalmate' sulla foto comportava un rischio: che un osservatore attento avrebbe prima o poi notato l'assurdo fenomeno della *mancanza di deformazione* delle lettere 'poggiate' sul "Konvolut" (cioè su di un oggetto per definizione deformato, 'accartocciato'!).

13) Sottrarsi a questa difficoltà era impossibile proprio perché quelle lettere non erano state *ab origine* sul "Konvolut" ma erano state prelevate dalle foto del *P.Artemid.* e poggiate sulla foto del *Konvolut*. Ed è di lì appunto, dall'anomalia della forma e dimensioni immutate, che hanno preso le mosse le analisi, approdate al risultato ormai certo: il piccolo corredo di lettere e disegni 'spalmato' sulla foto del *Konvolut* è frutto di un fotomontaggio; gli artefici dell'impresa potevano solo sperare che nessuno si mettesse ad analizzare la foto con strumenti tecnici sofisticati; ora che ciò è avvenuto non si può più tornare indietro inventando magari un terzo «oggetto di partenza»!

14) È ovvio che una operazione del genere poteva essere fatta al più su di *un solo* fotogramma! Ed è per

questo che Simonian dichiara che il fotogramma esistente relativo alla documentazione dello smontaggio è uno solo!

15) *Bilancio*: il venditore, richiesto di dare un aiuto, sfoderò quella foto adattandola alla richiesta ricevuta, e probabilmente chiarendo che essa (foto) imponeva di mutare la 'preistoria' del *P.Artemid*. Quella foto servì tra l'altro come sedativo per le incertezze di Dietrich Wildung (per quanto attiene alla mostra di Berlino) e servì al contempo per il *battage* in Italia mirante a fugare i dubbi che si erano venuti infittendo. Ora essa è defunta. *Vixit*, come disse Cicerone dei congiurati subito dopo la loro esecuzione capitale (*vixerunt*!). Ma il ricorso ad una siffatta foto e l'uso fattone denotano la corale complicità di chi l'ha chiesta e di chi l'ha fornita.

Parte II
Il moderno artefice

VIII
La traccia ottocentesca

Tra il 1822 e il 1833 apparvero dapprima a Brünn, capitale della Moravia, poi addirittura a Vienna, presso il libraio-editore dell'Università, Michael Lechner, sei volumi di una storia romana raccontata entro la cornice di un «viaggio», secondo il fortunato e autorevole modello del *Voyage du jeune Anacharsis en Grèce* dell'abate Barthélemy (1788). L'autore di tale importante e alquanto labirintica storia di Roma era Christoph Kuffner, viennese, nato probabilmente nel 1780, morto nel 1846. Il titolo dell'opera, *Artemidoro nell'impero dei Romani* (*Artemidor im Reiche der Römer*), poi, più semplicemente, nel V e VI volume, *Artemidoro*, si spiega con la struttura dell'opera o meglio con la 'finzione' che ne sta alla base. Kuffner immaginò infatti – e spiegò tale finzione in un'ampia premessa – che la sua narrazione *dovesse apparire come opera per l'appunto del geografo Artemidoro di Efeso*, in viaggio, novello Anacarsi, nel Mediterraneo, nelle province romane e nella stessa Roma. Perciò, appunto, *Artemidoro nell'impero dei Romani*, ovvero semplicemente *Artemidoro* (volumi V e VI) col sottotitolo *Quadro storico-archeologico del mondo romano in tutta la sua estensione* (*Ein archäolo-*

gisch-historisches Gemälde der alten Römerwelt in ihrem ganzem Umfange). Il V volume si spinge fino all'anno 710 dalla fondazione di Roma, cioè fino all'uccisione di Cesare e all'affiorare di Ottaviano sulla scena politica romana. Il VI volume giunge all'anno 723 di Roma, cioè ad Azio.

Quadro completo della suddivisione in volumi dell'intera opera: le otto parti corrispondenti ai voll. I-IV sono pubblicate a Brünn (I.1, 1822; I.2, 1823; II.1 e II.2, 1824; III.1 e III.2, 1825; IV.1 e IV.2, 1827); i due volumi dotati di nuovo titolo escono a Vienna alquanto dopo (V, 1831; VI, 1833). L'opera ebbe larga diffusione, né soltanto in paesi di lingua tedesca o nell'ambito dell'impero austro-ungarico. Fu anche tradotta in olandese e ristampata nel 1849. L'esemplare da me consultato presso la Biblioteca civica di Rovereto proviene dalla biblioteca personale di Antonio Salvotti, il giurista e magistrato inquisitore che istruì il processo contro Pellico, Maroncelli e gli altri carbonari del 1820.

È interessante constatare che Salvotti, attivo dapprima nel Lombardo-Veneto poi a Vienna, continuò ad acquistare l'opera lungo tutto il decennio in cui si snodò la sua pubblicazione. Molti esemplari sono ovviamente presenti nelle grandi biblioteche d'Europa. Degno di nota l'esemplare (o meglio i voll. I-IV) presente, sin dal 1837, anche presso la Biblioteca nazionale di Atene.[29]

Ecco come Kuffner spiega la sua scelta:

---

[29] Frequentata, com'è noto, da Simonidis, fino al suo passaggio a Istanbul e poi in occidente circa il 1850. Da segnalare, per le stesse ragioni, la presenza dell'opera nell'Universitäts-Bibliothek di Lipsia.

«Il viaggiatore-protagonista è il greco Artemidoro. L'antichità ne conobbe due. Io mi sono permesso di fonderli in un'unica persona, per due ragioni: perché di entrambi si sa poco e d'altra parte la cronologia non è in contrasto con tale fusione.

«Il primo e più antico dei due Artemidoro fu un viaggiatore e geografo; Strabone lo nomina onorevolmente in molti passi della sua opera. All'incirca coetaneo di Strabone, che era un po' più giovane di lui, questo Artemidoro visse sotto il governo di Tiberio; dunque al tempo di Traiano poteva essere all'incirca un settantenne; e dunque poté essere senza difficoltà la stessa persona rispetto all'altro Artemidoro, il quale tenne scuola filosofica a Roma sotto Traiano e fu molto amico di Plinio il giovane. Questi ne traccia un eccellente ritratto in una delle sue lettere» (vol. I, p. VI).

In nota Kuffner segnala un paio di luoghi straboniani su Artemidoro (*dal* III *libro, sulla Spagna*, nonché la notizia, nel libro XIV, sul viaggio a Roma), e fa riferimento all'epistola III, 11 di Plinio.

Va da sé che l'identificazione tra il geografo Artemidoro, a torto collocato da Kuffner in età tiberiana, ed il filosofo Artemidoro, espulso da Domiziano e protetto da Plinio, non ha fondamento. Il dato interessante è però che Kuffner presenti tale sua idea non già come un semplice arbitrio letterario ma come una effettiva possibilità. O, meglio, in quelle parole che abbiamo prima ricordato, incomincia come se stesse presentando al lettore un gioco letterario («Mi sono permesso di...») ma via via si esprime come se credesse davvero alla plausibilità della sua ipotesi («dunque poteva essere davvero la stessa persona»).

Dopo di che parla senz'altro di «ipotesi», e non di finzione: «Ho accolto *questa ipotesi (Hypothese)* perché l'ho trovata non inverosimile e anzi particolarmente adatta al fine della mia opera» (p. VI). Di certo Kuffner è sospinto verso una tale ipotesi soprattutto perché, quando scrive la prefazione al primo volume, non conosce ancora – a quanto pare – la testimonianza biografica di Marciano di Eraclea (il tardo epitomatore dell'opera, per noi perduta, di Artemidoro) su Artemidoro: che cioè Artemidoro «fiorì nella CLIX olimpiade». Per dirla più semplicemente, Kuffner allora non sapeva che Artemidoro era un adulto intorno all'anno 104 a.C. (è questo che Marciano diceva ricavandolo dal testo che stava riassumendo).[30] *Queste notizie Kuffner le ha apprese dopo* (forse grazie a qualche severo recensore?), e ha deciso di farle quadrare comunque con la sua ipotesi, quando, dopo una pausa di quattro anni, si decise a riprendere l'opera dando vita al quinto volume. Conviene riferire per intero la nuova introduzione (V, pp. 3-6):

«Nella premessa al primo volume di quest'opera ho accennato al fatto che l'antichità conobbe *due* Artemidoro, un geografo ed un filosofo. È necessario parlare più dettagliatamente di entrambi.

«Artemidoro di Efeso, il quale compose una grande opera geografica e compì egli stesso numerosi viaggi, visse intorno all'anno 649 dalla fondazione di Roma [= 105 a.C.]. In suo onore gli Efesini innalzarono una statua

---

[30] *Il periplo di Menippo*, Proemio, § 3.

d'oro, la quale – analogamente alla fama del loro ragguardevole conterraneo – avrebbe dovuto brillare fin nella posterità più lontana. Questa statua è stata abbattuta dalla forza distruttiva del tempo, così come, del resto, anche le opere di Artemidoro.

«Strabone ha fatto passare nella propria *Geografia* numerosi passi tratti dall'opera di Artemidoro, della quale purtroppo solo pochi frammenti ci sono giunti. Oltre a citarlo, Strabone si richiama spesso all'autorità di Artemidoro. Anche Ateneo lo nomina.

«Marciano di Eraclea, il quale visse intorno all'anno 410 dell'era cristiana, ha scritto anche lui una grande opera geografica, la cui parte contenente un'epitome ricavata da Artemidoro è andata persa, fatta eccezione per l'introduzione e alcuni frammenti.[31] Questi frammenti si trovano nella raccolta allestita da Dodwell e Hudson, *Geographiae Veteris Scriptores Graeci Minores*».

Quanto al secondo Artemidoro, Kuffner dispone – come sappiamo – unicamente della lettera pliniana (III, 11), che trascrive quasi per intero in nota, ma continua a considerare possibile, *dal punto di vista cronologico*, la fusione dei due personaggi, nonostante gli sia ormai chiaro il divario di circa 200 anni tra l'uno e l'altro!

Perciò così prosegue:

«Il secondo Artemidoro, che tenne scuola filosofica in Roma, fu allontanato, come anche altri maestri di saggezza

---

[31] Anche Kuffner condivide questa erronea convinzione dura a morire. A torto, infatti, l'ampio frammento superstite dell'Epitome di Menippo di Pergamo fatta da Marciano veniva ritenuto la parte superstite dell'Epitome da Artemidoro.

e di oratoria, dall'imperatore Domiziano; ma tornò sotto Traiano alla sua prediletta attività e nel medesimo luogo.

«Quando prestava servizio come *tribunus militum* in Siria, il giovane Plinio, ingegnoso e amabile, conobbe questo Artemidoro; si affezionò a quest'uomo, godette del suo insegnamento, lo sostenne economicamente [...] e consegnò ai posteri, in una delle sue lettere, il più caldo elogio di lui».

Quindi torna sul punto della "fusione" in un'unica persona del geografo e del filosofo, richiamandosi a quanto scritto nel primo volume:

«Come ho già osservato nel primo volume, io mi sono permesso di unificare in un'unica persona questi due Artemidoro ai fini della cornice della mia opera. E ciò per due ragioni: perché su entrambi abbiamo poche notizie, ed in entrambi i casi piuttosto incerte; e perché questa unificazione dei due in un'unica persona *non contraddice in modo significativo* la cronologia» (nel primo volume aveva detto semplicemente «non contraddice»).

A questo punto, piuttosto curiosamente data la premessa «l'antichità ha conosciuto *due* Artemidoro» (il geografo e il filosofo), ne fa entrare in scena un terzo, l'onirocritico:

«Oltre questi due Artemidoro – così prosegue – ve n'è anche un terzo, che è diventato celebre come scrittore, mi riferisco allo scienziato naturalista Artemidoro di cui si è conservata l'opera sui sogni ed il loro significato: *Onirocritica*. Anche lui era nato ad Efeso e dev'essere vissuto sotto

Adriano e Marco Aurelio. Si occupò soprattutto di ricerca sulla natura e di medicina, e lesse e mise a frutto tutta la precedente trattatistica sull'interpretazione dei sogni; viaggiò in Asia, Italia, Grecia e le relative isole ed entrò in contatto con tutti gli esponenti più in vista della sua disciplina».[32]

Descritti i pregi grazie ai quali l'opera di Artemidoro *Sulla interpretazione dei sogni* ha superato di gran lunga tutte le altre di analogo argomento, Kuffner prosegue cercando di giustificare il nesso che nel seguito dell'opera ha voluto istituire tra il "geografo-filosofo" Artemidoro (da lui creato) e l'onirocritico:

«Poiché le notizie sull'epoca in cui questo terzo Artemidoro è vissuto si fondano unicamente su congetture, non ho avuto nessuna esitazione a farlo apparire come contemporaneo dell'altro Artemidoro e a dar vita ad un loro incontro [*s'intende, nel corso del volume cui queste parole fanno da prefazione*]. non temo proprio di aver commesso alcun 'reato' nei confronti della cronologia!» (p. 6).

Questo procedimento, decisamente disinvolto, da parte di un dotto che ha tradotto l'intero *corpus* plautino, che ha scritto un originale volume su Pericle, nonché un saggio precorritore sulla «lingua popolare» latina, ed altro ancora, può apparire sconcertante, oltre che frutto di ostinazione. Se infatti nel *Proemio* del 1821 il presupposto (errato) era che il geografo Artemidoro fosse di

---

[32] Sono tutte notizie ricavate dall'opera dello stesso Artemidoro di Daldi (soprattutto dall'introduzione).

poco più anziano di Strabone, e quindi dovesse collocarsi in età tiberiana (onde da settantenne poteva essere vissuto sotto Domiziano), una volta acclarato – grazie a Marciano – che il *floruit* di Artemidoro andava anticipato di un secolo, l'operazione di fondere geografo e filosofo diveniva davvero problematica. Far vivere una persona dal 100 a.C. al 100 d.C. appare piuttosto insensato. E nondimeno Kuffner ha tenuto ferma anche nel vol. V, *contro ogni plausibilità*, la sua "trovata" di identificare il geografo Artemidoro col filosofo Artemidoro. E ha addirittura voluto – con ulteriore forzatura cronologica – mettere in relazione con questo ormai troppo longevo Artemidoro geografo-filosofo anche l'altro Artemidoro, l'onirocritico, di cui probabilmente ignorava l'esistenza quando, dieci anni prima, aveva messo in essere il suo *Artemidoro nell'impero dei Romani*, ricalcato sull'*Anacarsi* di Barthélemy e sul *Platone in Italia* di Cuoco.[33]

La fortunata invenzione del "viaggio di Artemidoro" come cornice di un racconto della storia romana gli stava troppo a cuore. Quando ha ripreso in mano l'opera per proseguire il racconto fino alla morte di Cesare, disponeva – forse anche sulla base di critiche ricevute – di maggiori informazioni, in grado di mettere in crisi la trovata di partenza: ma ha preferito sfidare il buon senso e tenere in piedi la "cornice" assunta sin dal principio.

Per dirla più chiaramente: Kuffner ha *voluto* mettere insieme («fondere» lui dice) *quei due* Artemidoro, tra-

---

[33] Sul peso che può aver avuto nell'adozione di tale insostenibile cronologia la *Bibliotheca Graeca* di Meursius, inclusa nel X tomo del *Thesaurus* di Gronovius, vedi *infra* cap. XVI, § 7.

scegliendo il "secondo", da unire al geografo, tra i non pochi Artemidoro che trovava nei repertori in uso all'epoca: Vossius, Zedler, Moréri, Fabricius-Harleß nel 1821, e nel 1831 ormai anche Ersch-Gruber. In ciascuno di questi repertori, alcuni di uso più che quotidiano (Fabricius), avrebbe trovato molti altri 'omonimi' da prendere in considerazione. Si pensi già solo all'Artemidoro di Pario, citato più volte da Seneca nelle *Quaestiones naturales* (il quale era anche astronomo, e Vossius non era alieno dall'identificarlo col geografo!). Kuffner invece *ha voluto creare il geografo-filosofo* scovando a tal fine *quel* personaggio ricordato solo da Plinio. Perciò non ha voluto ripensare la sua invenzione, anche a costo di calpestare la cronologia.

Dell'Artemidoro filosofo, esaltato con lodi altissime da Plinio, Kuffner non poteva sapere altro fuorché ciò che ne dice Plinio, unica fonte su quel personaggio. Plinio ne traccia un profilo di filosofo esemplare: «tra quelli che si proclamano filosofi difficilmente ne troverai uno o due *così veramente filosofi*», e a riprova adduce, sia pure con abile preterizione allusiva a virtù ancora maggiori, la resistenza alla fatica e a qualunque intemperie, la continenza, il rifiuto dei piaceri banali: «taccio la capacità sua di resistere tanto al gelo che alla calura, taccio che è infaticabile di fronte ai lavori più faticosi etc.». Con terminologia piuttosto simile, l'Artemidoro del papiro si effonde nel descrivere, in apertura di proemio, come debba essere *il «vero filosofo»*, come ne sia caratteristica la resistenza ad un «peso degno di Atlante» e come, ciò nonostante, «quella fatica debba essere per lui lieve», nella sua diuturna ricerca del bene (colonna I, righi 25-37).

L'autore del cosiddetto "papiro di Artemidoro" – palesemente influenzato dall'*Artemidoro* di Kuffner – non si è limitato a inverare, creando il proemio del "suo" *Artemidoro*, la fusione dei due Artemidoro (il geografo e il filosofo), ipotizzata da Kuffner, insistendo sul nesso geografia-filosofia e facendo parlare il suo Artemidoro come un filosofo, ma *gli ha fatto dire qualcosa di molto vicino a quel che si legge nella lettera pliniana*. L'«Artemidoro» del papiro, insomma, non solo discetta di filosofia ma descrive le prestazioni del «vero filosofo» coi tratti con cui Plinio descrive il suo Artemidoro filosofo: quell'Artemidoro che Kuffner decise di fondere (o identificare) con l'Artemidoro geografo.

Non gli è bastato infilare, nel confusionario proemio inflitto al falso Artemidoro, frasi tratte dal proemio della *Geografia antica e moderna* del greco Meletios (Venezia 1728) e dal proemio della *Storia romana* di Niceforo Gregora, abbondantemente citata da Meletios. Non bastava. L'incontentabile Simonidis volle che il suo Artemidoro apparisse come filosofo egli stesso. Perché? Ora comprendiamo che lo stimolo venne certamente dall'*Artemidor im Reiche der Römer* del viennese Christoph Kuffner basato per l'appunto sul presupposto che il geografo Artemidoro di Efeso ed il filosofo Artemidoro, di cui parla Plinio il Giovane, fossero la stessa persona. Era Kuffner che aveva lanciato l'idea –

in quel libro piuttosto fortunato – *che il geografo Artemidoro fosse anche filosofo*.

Difficile negare che l'*Artemidoro* di Kuffner – vero 'monumento' ad Artemidoro, unica opera al mondo recante come titolo il nome stesso di Artemidoro, anzi, unica opera di vaste proporzioni che intenda dar conto del contenuto dell'opera artemidorea – debba ritenersi una delle fonti, e non da poco, dell'«Artemidoro» del papiro.

Kuffner, inoltre, faceva viaggiare il suo Artemidoro geografo-filosofo per tutto l'impero romano, e lo mandava, tra l'altro, in Egitto. Qui gli fa descrivere una filza di animali, volatili, pesci, alcuni dei quali ritroviamo (con relativo "paesaggio nilotico") sul rovescio del papiro di Artemidoro. Simonidis, nella prefazione al suo (falso) Uranios (1855), imita la trovata di Kuffner e 'crea' uno storico, Damagos, che scriverà la storia di Roma a partire dalle origini viaggiando da Cnido a Roma.

Merita attenzione un dettaglio. Secondo l'*Artemidoro* di Kuffner i geografi di epoca romana inserivano mappe nelle loro opere (*Artemidor*, V, pp. 142-143): orbene, nel papiro, incredibilmente, troviamo uno schizzo paesaggistico che pretende di essere una mappa (e che ha giustamente suscitato lo scetticismo quasi generale dei moderni studiosi proprio perché *è escluso* che i geografi antichi intramezzassero mappe nel testo dei loro trattati).

L'Artemidoro voce narrante di questa imponente opera tratta di ogni genere di argomenti: non solo storico-politici o letterari, ma anche, e volentieri, di carattere antiquario e geografico. Diamo solo qualche esempio.

Un tema che affascina l'Artemidoro di Kuffner è la tecnica di fabbricazione del papiro (vol. V, pp. 121-122), sulla base, ovviamente, dei dati forniti da Plinio il Vecchio nel libro XIII. Descritta la procedura di fabbricazione, Artemidoro-Kuffner spiega:

«Da quando i romani hanno il controllo dell'Egitto, questa tecnica, giunta ai romani solo tre secoli dopo la scoperta del papiro, si è sempre più perfezionata. In particolare si è in grado ora di dare a questo materiale scrittorio una elegante coloritura chiara ed una spiccata finezza».

«Il molteplice utilizzo che si fa di questa pianta rende gli anni di cattivo raccolto particolarmente penosi. Quando [*è sempre Artemidoro che narra*] sotto Tiberio si verificò, a causa di una cattiva annata, carenza grave di questa pianta, il Senato si vide costretto ad inviare in Egitto propri emissari per suddividere le magre scorte».

Sempre sulla scorta di Plinio, molta attenzione viene riservata alle varie qualità di papiro, da quella raffinata, che prende nome dai vari imperatori a quella *emporetica* adoperata dai commercianti per impacchettare le merci, a quella adoperata «per avvolgere mummie».

Tutto questo paragrafo (il 70° del tomo V) è dedicato alla fabbricazione del papiro. Il successivo è dedicato agli animali rari, e rarissimi, che Artemidoro vide in Egitto. In questa pagina Artemidoro-Kuffner si effonde su alcuni dettagli: non mancano bufali, gazzelle e scimmie;

un posto di riguardo spetta alle bestie perigliose che popolano i fiumi e soprattutto al coccodrillo accuratamente descritto; si passa quindi al «cavallo del Nilo», caratterizzato dalla coda piuttosto corta. E poi l'ibis; e poi una nutrita varietà di serpenti; quindi il «trochilos», un uccello che si insinua tra le zanne del coccodrillo. E infine, in un capoverso monografico, una efficace descrizione del cosiddetto nemico del coccodrillo cioè il piccolo e micidiale *ichneumon*. Questo singolare roditore, che forse appare anche sul rovescio dell'«Artemidoro» (a destra del disegno indicato dagli editori come V19),[34] era ben familiare al Simonidis perché ben presente in opere da lui frequentate come Horapollo, Manuele Philes, Artemidoro di Daldi, Diodoro.

L'opera di Christoph Kuffner ha dunque avuto una influenza determinante sul modo in cui Simonidis ha realizzato il falso «Artemidoro», in aggiunta agli altri falsi geografici (Annone, Eulyros etc.) che punteggiano la sua vivace carriera. L'estrema longevità dell'Artemidoro di Kuffner non deve averlo turbato: nella sua *Symaïs* i maestri della scuola di Simi, che Simonidis immagina, raggiungono età venerande, anzi inverosimili. Peraltro solo un Artemidoro spostato cronologicamente verso l'età tiberiana (il che naturalmente non è che un errore di Kuffner) e 'tenuto in vita' fino al tempo di Plinio poteva descrivere – come infatti avviene nel tomo IV.2 – la *completa conquista* della Spagna da parte

---

[34] Gli Ed. LED (p. 386) parlano di «massa globulare», soggiungendo però «di interpretazione non evidente».

dei romani. Ed è infatti questo l'errore che macchia la IV colonna (righi 12-13) dello pseudo-Artemidoro. Che si rivela, anche sotto questo rispetto, sotto l'influenza dell'*Artemidor* di Kuffner. Sulla Spagna, Kuffner commette lo stesso errore di *P.Artemid*. Infatti, nella digressione geopolitica che inserisce prima di narrare la guerra contro Sertorio, presenta il riordino augusteo di quelle province (*Artemidor*, V, pp. 189-190) come una mera suddivisione in tre del medesimo territorio fino a quel momento diviso in due (*Ulterior* e *Citerior*). Allo stesso modo l'autore di *P.Artemid* fa dire ad Artemidoro (col. IV) che *tutta la Spagna* al tempo suo era divisa in *due* province. E a questo punto non stupirà di trovare Kuffner (V, p. 34) e Simonidis (*Epistolimaia Diatribé*, London 1860, p. 47) attestati entrambi, contro Champollion, sulla vecchia e fantasiosa interpretazione della scrittura geroglifica. Insomma l'*Artemidor* di Kuffner è sul tavolo di Simonidis quando fa il suo Artemidoro, geografo e filosofo.

L'inchiesta è durata alcuni anni. Risultato: Costantino Simonidis (1820-1890 circa) è l'autore del cosiddetto «papiro di Artemidoro». Il suo nome, del resto, aveva circolato sin da subito. Egli era un grande e temuto falsario di pergamene e papiri greci, che, prima che scoppiasse il caso Artemidoro, era quasi completamente dimenticato.

Per giungere a questo risultato si è dovuta seguire, come è ovvio, una duplice pista: da un lato appurare quale cultura, quale bagaglio lessicale traspaiano dal testo del presunto Artemidoro e quali errori lo sfigurino; dall'altro quale cultura, quali frequentazioni testuali, quali letture abbiano connotato quell'enigmatico greco. «Simonidis è un enigma» aveva sentenziato Alexander von Humboldt; e stava per beffare addirittura l'Accademia delle Scienze di Berlino!

Le due piste si sono rivelate, via via, convergenti.

Ciò è stato documentato in un paio di volumi da noi pubblicati negli scorsi anni (*Il papiro di Artemidoro*, Laterza, Roma-Bari 2008; *Il viaggio di Artemidoro*, Rizzoli, Milano 2010), nonché in un memorabile saggio di Maurizio Calvesi (*Un Artemidoro del XIX secolo*, in «Storia dell'arte» 119, gennaio-aprile 2008, pp. 109-128) ed in un decisivo intervento di Anna Ottani Cavina (*Un papiro di pieno Ottocento*, «la Repubblica», 11 giugno 2008, pp. 40-41). Calvesi ha mostrato come i righi iniziali della *Géographie générale comparée* di Carl Ritter (Paris 1835), traduzione francese della *Erdkunde* (Berlin 1817), si ritrovino quasi alla lettera nei primi righi dello pseudo-Artemidoro contenuto nel papiro. Una constatazione che, da sola, chiude la partita.

Intermezzo

Non va trascurato che, nelle edizioni umanistiche e tardo-umanistiche nonché nella autorevole e influentissima traduzione latina di Xylander (Basel 1571), Strabone, il solo grande geografo superstite nel naufragio della geografia anteriore a Tolomeo, appare come il «notissimo filosofo-geografo». Nel frontespizio di Xylander, la cosa è nella massima evidenza: «*Strabonis nobilissimi et doctissimi philosophi et geographi* / Rerum geographicarum commentarii». E Xylander è anche, con una sua congettura peggiorativa (in Strabone, III, 3, 4), all'origine della errata forma *Obleuion* che si legge nello pseudo-Artemidoro (colonna V, 40-42).

La qualifica di Strabone come «filosofo» si presenta talvolta addirittura come prevalente. Così è, ad esempio, nell'edizione di Amsterdam (1652): «*STRABONIS PHILOSOPHI* / Geographicorum liber primus» (p. 1).

Nella lettera dedicatoria ad Alberto Pio, posta al principio dell'*editio princeps* (Aldina del 1516), si legge che Strabone fu «philosophus et scriptor locorum omnium», anzi «divinus philosophus» giacché «*ad locorum peritiam*, quam inquirit Strabo, *opus est* usu ac *rerum divinarum scientia*». E già Cosma Indicopleuste nella sua *Cosmografia cristiana* parlava della geografia come di materia «propria degli antichi filosofi» (*Patrologia Graeca* 88, col. 117).

Non nasceva dunque improvvisa, o dal nulla, la trovata di Kuffner di fondere – nel suo *Artemidoro* – il geografo ed il filosofo. Ed è evidente che l'autore dello pseudo-Artemidoro su papiro, che proclama la intrinsechezza della geografia e della «divinissima filosofia» («divinus philosophus» dice l'Aldina) risente di tutto ciò. Ma delle elucubrazioni che Simonidis, autore dello pseudo-Artemidoro, ha saputo costruire su queste premesse diremo nel capitolo seguente.

IX
La traccia bizantina

Concentriamoci sul passaggio-chiave del proemio: colonna I, 12-21:

12 di combattere al fianco di questa
13 scienza. Infatti io sono
14 pronto a porla sullo stesso piano
15 della più divina filosofia.
16 Se infatti tace, la geografia parla con i suoi
17 dogmi. E perché non sarebbe possibile?
18 Tante e tali *armi di ogni tipo, mescolate*
19 *tra loro*, si porta addosso e a portata di mano,
20 in vista della fatica della scienza,
21 divenuta faticata.

Analizziamo questo brano e cerchiamo di capirne la logica:

1. «Sono pronto ad affermare che la geografia è sullo stesso piano della più divina filosofia (τῇ θειοτάτῃ φιλοσοφίᾳ).

2. È ben vero che la geografia tace, però essa parla attraverso i suoi dogmi.

3. E perché non sarebbe in grado di farlo?

4. Essa lo può perché porta su di sé una *così grande*

quantità di armi mescolate (τοσαῦτα μεμειγμένα ὅπλα) in vista della fatica [*i.e.* faticosa lotta] della scienza, divenuta faticata etc.».

Prima di procedere è d'obbligo un duplice chiarimento: sull'espressione «armi mescolate» e sulla «filosofia più divina».

In realtà le armi dei combattenti antichi (del mondo greco e romano) non sono affatto «mescolate» – né mescolabili –, e tanto meno *mescolate addosso* al singolo combattente. Nell'esperienza antica addirittura i corpi militari si caratterizzano proprio per *un* determinato tipo di arma che li connota.[35] Quel groviglio di connotazioni (ἔγγιστα καὶ τοσαῦτα, μεμειγμένα, περὶ ἑαυτὴν ὅπλα) è espressione non solo ridondante ma per nulla corrispondente alla realtà militare degli antichi. Ovviamente, non si tratta della corazza: essa, sì, sta *addosso* al guerriero e costituisce il nerbo della sua panoplia, ma non può rientrare certo nella definizione μεμειγμένα, perché una corazza non può essere «mescolata» (con che cosa, poi?). E nemmeno può dirsi che l'oplita "mescoli" la lancia con lo scudo: come potrebbe? O il guerriero macedone lo scudo con la sarissa che lo Stato gli fornisce. E come potrebbe un centurione «mescolare» la lancia con la daga? Solo un ignaro può pensare che un autore antico, di epoca tardo-ellenistica,

---

[35] W. Rüstow, H.A.Th. Köchly, *Geschichte des griechischen Kriegswesens von der ältesten Zeit bis auf Pyrrhos*, Aarau, 1852. Si veda inoltre la voce *phalanx* del Daremberg-Saglio, p. 425, nonché Polibio VI, 22-23. Quale altra arma avrebbe mai potuto maneggiare un portatore di sarissa, impegnato a reggere con entrambe le mani una lancia lunga oltre 5 metri?

potesse parlare di guerrieri recanti *addosso* ὅπλα, armi di grandi proporzioni, numerose e «mescolate».

Ed è per questo che le due traduzioni di quel passo fornite dagli ed. LED dello pseudo-Artemidoro (Milano, 2008), in sede di interpretazione e di commento, fanno alla chetichella scomparire la intraducibile parola μεμειγμένα, che invece è strettamente e sintatticamente connessa al subito seguente περὶ ἑαυτήν. In compenso, per coprire la difficoltà, adottano come traduzione di μεμειγμένα un risibile «differenziate» che è l'esatto contrario di ciò che la parola greca intende esprimere.

Bisogna dunque rassegnarsi: il testo dice esattamente ciò che dice, e non può essere zittito, addolcito, mutilato. Il fatto è che chi scrive quei tre righi si è lasciato andare ad una immagine incongrua rispetto alla realtà antica: parrebbe avere in mente *tutt'altro modello di combattente*; per esempio il modello «cleftico», cioè del guerrigliero greco impegnato nella lotta di liberazione (XVIII-XIX sec.) contro il dominio turco. Non manca iconografia di tali eroicizzati guerriglieri, i cui canti hanno commosso l'Europa romantica e filellena della prima metà dell'Ottocento.[36] Per maggiore chiarezza forniamo (tavola 29) un paio di immagini, tra le innumerevoli che si potrebbero addurre. Quasi sempre, come si può osservare, dai cinturoni di questi combattenti sbucano fuori due o tre pistole, nonché l'elsa di

---

[36] Una raccolta (*Chants du peuple en Grèce*) la curò un buon amico di Simonidis, il Conte di Marcellus, e la pubblicò a Parigi, in due volumi, nel 1851.

gigantesche spade mentre essi impugnano fermamente spropositati archibugi e sono avviluppati da imponenti cartucciere. Altrettanto riccamente bardati appaiono dalla iconografia disponibile i giannizzeri. E si potrebbe spaziare in una casistica medievale senza confini.

Ma c'è di più. Sia in tedesco che in francese è addirittura usuale l'equivalente di μεμειγμένα ὅπλα, che invece in greco *non ricorre mai*. A fronte di zero risultati nel greco di ogni epoca (*Thesaurus Graecae Linguae*), una ricerca aggiornata al novembre 2009, condotta su motori di ricerca informatici (Google books etc.), rivela una massiccia presenza di espressioni molto simili, in lingue moderne, per un periodo compreso tra il 1500 e il 1890. Ecco alcuni risultati: *404 [mit] gemischten Waffen*; *49 gemischte Waffen*; *7 vermischte Waffen*; *3 [mit] vermischten Waffen*; *222 armes mêlées*; *13 armes mélangées* e una ventina di casi di *mingled weapons*. Un incidente che capita non di rado ai falsari.

Quanto poi alla «filosofia più divina», converrà ricordare che nella letteratura patristica, e anche dopo, «filosofia» equivale a «teologia cristiana».[37]

Ma torniamo al passaggio-chiave. Qual è il senso, la sequenza di pensiero di questo brano giudicato concordemente, a dir poco, stravagante?

La sola strada per intenderlo consiste nel far ricorso alla nozione tipica della teologia (sia cattolica che ortodossa) di *panoplia dogmatica*.

---

[37] Cfr. il *Mega Lexikòn* del Dimitrakou, voce φιλοσοφία, § 5; nonché il *Greek Lexicon of the Roman and Byzantine Periods*: «*philosophy* applied to Christianity».

Ed ecco dunque il senso:

«Premesso che la geografia è sullo stesso piano della *filosofia più divina* [*i.e.* della teologia], è ben possibile che essa pure si manifesti attraverso i (suoi) dogmi in quanto anch'essa è ben equipaggiata di armi d'ogni genere [*i.e.* anch'essa è fornita di una *panoplia dogmatica*]».

Il presupposto che rende questa formulazione consequenziale («parla per dogmi, infatti è ben fornita di armi») è il nesso *dogmi/armi*: nesso che è inerente, per definizione, alle PANOPLIE DOGMATICHE.

Di lì discende la seguente deduzione (a suo modo "logica"): una volta assimilata la geografia alla teologia si può bene affermare che *anche la geografia parla attraverso i suoi dogmi, infatti anch'essa dispone di una panoplia* (τοσαῦτα μεμειγμένα ὅπλα βαστάζει).

Prendiamo dunque atto, a questo punto, che l'autore di questo papiro è familiare con la moderna nozione di «panoplia dogmatica». Ma donde viene al nostro autore la persuasione, che egli proclama così nettamente, della stretta vicinanza tra geografia e teologia?

L'idea che la geografia sia in rapporto diretto con la teologia, in quanto ha come oggetto la descrizione della natura (opera di Dio), figura in grande rilievo in due prefazioni: la prefazione di Aldo Manuzio all'*editio princeps* di Strabone (1516) e la prefazione di Niceforo Gregora alla sua *Storia romana* nella forma in cui tale prefazione viene esplicitamente recepita, e modificata, dal *geografo e teologo* neogreco Meletios di Ioannina.

In effetti Niceforo Gregora dice, sin dal principio della sua prefazione (righi 11-14 ed. Bekker), che «la storia è la *voce parlante* (φωνὴ λαλοῦσα), solidale con i testimoni silenziosi (σιγῶντες κήρυκες) nella medesima missione di illustrare la creazione divina».

Cosa sono, per lui, i «testimoni silenziosi»? Per l'appunto la natura «il cielo e la terra»: la natura che è sempre là, *silente*, documento eterno «della grande opera divina» (τῆς θείας μεγαλουργίας).

Il brano di Niceforo Gregora è molto noto. Esso appare ad esempio nella *Geografia antica e moderna* di Meletios di Ioannina (1728). È notevole come Melezio, nel citarla, sostituisca alla parola *storia* la parola *geografia*: operazione in certo senso legittima visto l'argomento («la natura» come testimone dell'opera divina). Melezio era ben consapevole della rilevante presenza della scienza geografica nell'opera di Niceforo Gregora.[38]

A sua volta il manuale di Melezio era molto diffuso nei secoli XVIII e XIX. Il suo prestigio era tale da indurre, ad esempio, Simonidis ad adottare il nome di Melezio come (immaginario) autore del suo primo falso storico-geografico, la *Symaïs* (Atene 1849).

È giusto rilevare, a questo punto, che elemento costitutivo del passaggio-chiave del proemio dello pseudo-Artemidoro è proprio la polarità «tace/parla» (σιγᾷ|λαλεῖ). È notevole perciò che, in un altro passo della sua intro-

---

[38] Su ciò cfr. da ultimo: Petros Blachakos, *Nikephoros Gregoras. Physike geographia kai anthropogeographia sto ergo tu*, Thessaloniki 2003.

duzione generale, Melezio ricorra ad un tipo di frase
che trova rispondenza nel preannuncio della colonna V
(righi 14-16) dello pseudo-Artemidoro:

Meletios p. 2	Ps. Artemid. v, 14-16
καὶ τὰ διαστήματα τῶν μερῶν αὐτῶν [...] καὶ τοὺς καθολικοτέρους σχηματισμοὺς αὐτῶν ὀλίγα τινὰ ἡμεῖς λαμβάνωμεν χάριν εἰςδήσεως τῶν ἀρχαρίων	ληψόμεθα δὲ νῦν τὸν παράπλουν αὐτῆς ἐν ἐπιτομῇ χάριν τοῦ καθολικῶς νοηθῆναι τὰ διαστήματα τῶν τόπων

Una considerazione si impone. I 'devoti' dello pseudo-Artemidoro non si sono mostrati in grado di spiegare
il significato dell'intero brano. Essi vi hanno rinunziato
preferendo cavarsela con formule tipo «è strano», «è
magniloquente», «è prosa asiana (!)» etc. Sono formule
un po' frivole. Essi si esprimono così perché *hanno rinunciato ad orientare la ricerca nell'unica direzione che
permette di dare un senso a quel brano*: cioè in direzione
della geografia, impregnata di mentalità teologica, di
epoca bizantina e neo-greca. Evocare la misteriosa 'lingua asiana' è comunque fuori luogo: al più dovrebbe
servire a spiegare la stravaganza dello stile *ma non il
contenuto*. Esso invece diviene comprensibile unicamente *alla luce della nozione di 'panoplia dogmatica'*.

X
Quando la manipolazione diventa autolesionismo

L'autore di questo gramo pseudo-Artemidoro aveva in animo di fabbricare né più né meno che una epitome: lo dice chiaramente alla colonna V, righi 14-16. Non a caso la sua infelice, ma breve creatura termina con una frase conclusiva, che suona all'incirca così: tutto il resto non l'ha visto nessuno.

Quanto alla Epitome, essa si presenta nel modo seguente:

«Dal promontorio di Afrodite Pirenaica alla città di Emporion, colonia dei focesi, stadi 632. Da questa alla città di Tarragona, 1508. Da lì al fiume Ebro, meno di 92. Da questo al fiume *Sucro*, 1048. Da lì a *Carthago Nova*, 1240. Da *Carthago* fino alla rocca di Calpe, 2020. Da questa a Gadeira, 544. In totale, dai Pirenei e dall'Aphrodision a Gadeira, 7084; e dopo Gadeira, sino alla torre e al porto di Menesteo, sono complessivamente 7170. Da questo al secondo sbocco dell'Ast[ ], 120. Dopo questo sino al fiume *Baetis*, 684. Dopo questo sino a Onoba, 280. Da lì a Mainoba, 78. Dopo questa sino alla città di Ipsa, 24. Dopo questa sino all'estuario dell'Anas, in linea retta sino al punto in cui sorge la città di Cilibe, sono 36 stadi. Dopo la foce dell'Anas viene l'estremità del Sacro Promontorio, fino alla punta sono 992. Doppiato il promontorio, sino alla torre dei Salacini sono 1200 stadi. E da lì alla foce del fiume Tago, 320. Da questa al fiume *Durius*, 1300. Dopo questo, a 180 stadi, sfocia il fiume *Oblivio*, questo è chiamato anche Lethes e Limaias. Dopo questo fino al fiume *Baenis*, 120. Da questo al Promontorio degli Artabri, 940 + x. Da questo al Megas Limen, x + 40 stadi. Della parte restante della costa nessuno ha mai fatto il rilievo» [Ed. LED, p. 197, errori inclusi].

Il lettore deve però sapere che le cifre che ha appena letto sono almeno in parte ballerine. Per esempio la prima, nella traduzione fornita alla p. 157 del catalogo *Tre vite*, non era 632, ma 332. Abbiamo però daccapo 332 a p. 236 Ed. LED.

Un altro esempio: la distanza dal "secondo sbocco" del fiume di Asta al fiume Betis è crollata da 684 (*Tre vite*, p. 157) a 84 stadi.

Perché queste oscillazioni? *Perché le cifre che altri autori attribuiscono concordemente al vero libro di Artemidoro sulla Spagna non quadrano con quello che si legge nel papiro.*

Facciamo qualche esempio. Strabone attesta che, *secondo Artemidoro*, la distanza tra Gades e il «promontorio sacro» era di «non più di 1700 stadi» (III, 2, 11). E attesta anche che Artemidoro affermava l'esattezza di tale misura *in polemica contro Eratostene*, il quale invece sosteneva esserci una distanza di «*cinque* giorni di navigazione» tra Gades e il promontorio. Un giorno di navigazione era considerato equivalente a mille stadi:

dunque Eratostene dava una distanza di gran lunga superiore, ma, secondo Artemidoro, errata. Peraltro Artemidoro diceva anche che il promontorio sacro «aveva la forma di una nave» (Strabone III, 1, 4) e rivendicava di esserci stato di persona.

Invece, nel papiro la distanza tra Gades ed il promontorio sacro risultò inizialmente (*Tre vite*, p. 157) di almeno 2200 stadi (= 120 + 684 + 280 + x + 24 + 70 + 992). Era difficile che Artemidoro proprio su questo punto si contraddicesse in modo così clamoroso.

Il 12 marzo 2008 avviene il miracolo. Viene presentata l'Ed. LED e qui, alla pagina 188, il *chi* = 600 stadi (rigo 30 della colonna V) svanisce. Viene liquidato attraverso l'invenzione di una autocorrezione del copista! Conviene citare la appassionante notizia: «La cancellatura della cifra è stata fatta sovrapponendo nel mezzo un segmento orizzontale, di cui rimane il tratto destro; questo si rivela steso [*sic*] con inchiostro di colore identico a quello usato per il testo, ma il segno è troppo ridotto e troppo poco caratterizzato perché sia possibile concludere con certezza che l'emendamento fu operato da m. 1». Ognuno può osservare, nei sontuosi facsimili disponibili, che l'immaginario «segmento orizzontale», di cui resterebbe «il tratto destro» ma, ahimè, «troppo ridotto e troppo poco caratterizzato», non esiste. Infatti dal 1998 alla fine del 2006 non lo aveva visto nessuno dei futuri editori LED. È stato inventato per far scomparire di botto 600 stadi e dar vita così ad un ripiegamento strategico (come si diceva durante la guerra) fino a

1600, onde non discostarsi troppo dai «non più di 1700» che Strabone leggeva nel vero Artemidoro.

Ma il rimedio è peggiore del male. Fatti scomparire, con un gioco di prestigio, quei 600 stadi, decresce drasticamente anche un'altra cifra, che invece, ahinoi!, avrebbe dovuto crescere per raggiungere quella del vero Artemidoro. Si tratta della distanza tra Gades e il promontorio degli Artabri: 7332 stadi [ovvero 7932, secondo una buona congettura di Diller][39] di contro ai 5500 risultanti dal papiro. I quali, defraudati di 600 stadi, precipitano a 4900: sempre più lontano dal traguardo dei circa 7300 che la tradizione, concorde, trovava in Artemidoro.

Eravamo fermi a questo punto, ancorché increduli, quando si è prodotto un nuovo miracolo. Nei primi mesi del 2010 è apparso un nuovo volumetto intitolato *Intorno al papiro di Artemidoro* (LED, Milano, pp. 298). In tale libriccino alla p. 177 mi viene fatta la lezione. A me che avevo fatto notare che la cancellatura del numero 600 era frutto di pura fantasia viene obiettato: «chiunque abbia esperienza di edizioni di papiri sa che nella trascrizione di un testo si fanno progressi». Non l'avevamo mai sospettato. Ma ancora meno ci saremmo aspettati di trovare 56 pagine più in là nello stesso libro, e a cura degli stessi autori, la seguente frase: «nelle cinque colonne del papiro *non c'è neanche una autocorrezione del copista*» (p. 233, rigo 14). Sembra

---

[39] Lo attesta Agatemero, in accordo con le 991,5 miglia di Plinio II, 242 «Artemidorus adicit etc.».

di sognare. Nella storia dei nostri studi non era mai riuscito a nessuno di dire due cose contrarie tra loro nell'ambito dello stesso articolo. Ora sappiamo che quel numero 600 (*chi*), così disturbante, e che mette fuori gioco l'attribuzione del papiro ad Artemidoro, al tempo stesso c'è e non c'è. Principio di non contraddizione, addio.

XI
Profilo dell'autore

1. *Le imposture letterarie di Costantino Simonidis (di Andreas D. Mordtmann)*[40]

«Costantinopoli, Novembre. Secondo notizie giornalistiche, un certo Simonidis ha venduto al British Museum una quantità di manoscritti greci molto antichi; e si lascia intendere, a questo proposito, che il governo greco avrebbe fatto male a farsi sfuggire un simile tesoro. Data la grande vicinanza dell'Inghilterra, i dotti tedeschi potrebbero facilmente essere indotti a fare un viaggio lì per sfruttare tali tesori per i loro studi; e perciò può essere interessante familiarizzarli con questo personaggio, tanto più che noi qui abbiamo avuto l'occasione di osservare da vicino la sua condotta.

Simonidis ad Atene: il falso Omero e il falso Eustazio

Simonidis è originario dell'isola di Simi, che si trova di

---

[40] Incaricato di affari a Costantinopoli delle città anseatiche. Mordtmann (Amburgo 11.II.1811-Costantinopoli 30.XII.1379) visse dal 1845 a Costantinopoli ricoprendo importanti cariche politiche. Storico, orientalista, studioso di geografia antica, esperto in scritture cuneiformi, autore di saggi e traduzioni dall'arabo, fu socio corrispondente della *Bayerische Akademie* e collaboratore della *Zeitschrift der Deutschen Morgenländischen Gesellschaft*.

fronte alla terraferma della **Caria**, e deve avere in questo momento circa 35 anni. **Egli si è molto dedicato a studi paleografici, ed ha portato la sua preparazione in questa scienza fino ad un virtuosismo che rasenta il meraviglioso.**

Molti anni addietro egli apparve improvvisamente in Atene ed esibì una quantità di manoscritti tra i più singolari di opere andate del tutto perse così come dei più importanti classici che si sono conservati: tutti manoscritti molto antichi. Il suo racconto era questo. Suo zio li avrebbe trovati in un monastero sul Monte Athos, e lui li avrebbe di nascosto portati via, però solo in parte; agiva in modo molto misterioso e circospetto e parlava sempre di nemici e di spie. Il governo greco nominò una commissione che esaminasse i suoi manoscritti; **egli presentò un antichissimo Omero**, se non erro, **col commento completo di Eustazio.**[41] La commissione si espresse favorevolmente in proposito; solo un componente fu di altro avviso e si impose una nuova indagine. Risultò che si trattava né più né meno della **copia fedelissima dell'edizione di Wolf, di cui erano riproposti persino gli errori di stampa**. E Simonidis fu smascherato ad Atene. Nel frattempo egli aveva pubblicato una storia della scuola di Symi, che era una vera e propria truffa dalla prima all'ultima parola.

A Costantinopoli: il Sanchuniathon e la decifrazione della statuetta egizia...

Nell'anno 1851 Simonidis giunse a Costantinopoli, dove trovò accoglienza presso l'ambasciatore del re di Sardegna,

---

[41] Sui rapporti tra Eustazio, Simonidis e il papiro di Artemidoro si veda L. Bossina, in: L. Canfora, *Il papiro di Artemidoro*, Roma-Bari, Laterza, 2008, pp. 325-332, 358-363, 386-389, 432-435.

il signor Barone Tecco.[42] Qui a Costantinopoli, ricettacolo di avventurieri di ogni genere, Simonidis si fece avanti con cose di grande momento; innanzitutto pretese di essere in possesso di un *Sanchuniathon* completo, del quale prevedeva di allestire una edizione. Ebbi questa informazione da un amico (fino a quel momento non avevo saputo nulla di Simonidis) e debbo dire che su di me, tedesco del Nord, che ebbi a suo tempo diretta esperienza in patria dell'intera vicenda Sanchuniathon-Wagenfeld,[43] la notizia fece un'impressione sommamente negativa: impressione che certo non nascosi. Se i miei dubbi gli siano stati notificati non so; certo da quel momento non si parlò più di Sanchuniathon. Al contrario, a questo punto egli venne fuori con un'opera greca antica sui geroglifici. Uno dei miei conoscenti, il dottor Cayol, possiede una statuetta egizia di terracotta, corredata di cinque serie di geroglifici: due sul dorso e tre davanti. Oggetti del genere sono qui molto comuni e vengono offerti a dozzine, in ogni momento, ai turisti. Simonidis dichiarò che la spiegazione della statuetta di Cayol si trovava proprio nel suo manoscritto. Il Dr. Cayol, un letterato che è anche stampatore e litografo (è stato lui a introdurre qui in Turchia

---

[42] Romualdo Tecco (Boves 1802-Torino 1867), barone, ministro e senatore del regno. A Costantinopoli ricoprì diversi incarichi diplomatici (nel 1852 fu ministro residente e console generale per il Governo Sardo). Nel 1857 si trasferì a Madrid come ministro plenipotenziario del Re di Sardegna. Fu nominato senatore il 13 marzo 1864.

[43] Allude alla vicenda di Friedrich Wagenfeld (1810-1846) che nel 1836 annunciò di aver rinvenuto la traduzione completa di Filone da Byblos della *Storia Fenicia* di Sanchuniathon (*FGrHist* IIIC 2, n. 790, pp. 802-824): *Sanchuniathon's Urgeschichte der Phönizier. In einem Auszuge aus der wieder aufgefundenen Handschrift von Philo's vollständiger Übersetzung. Nebst Bemerkungen von Fr. Wagenfeld. Mit einem Vorworte von G.F. Grotefend*, Hannover, Hahn, 1836. L'edizione, uscita l'anno appresso (*Sanchuniathonis historiarum Phoeniciae libros novem graece versos a Philone Byblio...*, Bremae, Schünemann, 1837) si rivelò un clamoroso falso.

la litografia) fece una riproduzione della sua statuetta, ed il barone Tecco mi invitò perché io prendessi nozione di tale decifrazione [*scil.* del testo]. Simonidis apparve e mi lesse la decifrazione mentre io avevo tra mano la copia. Io ero diffidente, e manifestai i miei dubbi in francese al cospetto del barone Tecco (Simonidis non capisce il francese ma soltanto il greco) e mi basai soprattutto sul fatto che la sua lettura era durata almeno dieci minuti, mentre sulla figura apparivano al massimo 100 segni. In tal caso ogni segno geroglifico sarebbe dovuto equivalere non solo ad un'intera parola ma almeno ad un'intera frase, giacché egli ci aveva letto quasi una predica.[44] Il barone Tecco era a causa dei miei dubbi esitante, e volle andare a fondo della questione; alla fine egli mi comunicò che Simonidis possedeva un manoscritto in cuneiforme con traduzione interlineare in fenicio; lui stesso [Tecco] l'aveva visto ed effettivamente i caratteri della prima serie corrispondevano alle iscrizioni cuneiformi di Persepoli, e quelli della seconda serie ai caratteri fenici. Entrambe le scritture nonché le rispettive lingue non mi sono proprio ignote; Tecco propose a Simonidis di mostrarmi il manoscritto, e lui si impegnò a farlo. E tutto finì lì; io non ho sentito più nulla di lui e lui mi ha rigorosamente evitato.

Sanchuniathon, i geroglifici, le incisioni cuneiformi e la lingua fenicia furono accantonati e fu messo in gioco un altro pezzo.

... la "Storia armena"...

Simonidis sosteneva di essere in possesso di una storia dell'Armenia scritta in greco e la offrì ad alcuni "primati"

---

[44] Per un esempio di decifrazione-predica di una statuetta egizia da parte di Simonidis si veda L. Canfora, *Il papiro di Artemidoro*, cit., pp. 435-437.

armeni. Costoro, molto impegnati nella promozione della loro letteratura, volevano comprare da lui quel manoscritto e intendevano farlo stampare con traduzione armena a fronte: si decisero ad aprire una sottoscrizione. In primo luogo egli avrebbe dovuto presentare uno *specimen*. **Simonidis presentò il Proemio**[45] ed un certo numero di brevi iscrizioni funerarie in onore di generali armeni. In realtà la prima non dimostrava nulla ed i nomi dei generali non erano nemmeno armeni. Sollecitato a mostrare il suo manoscritto egli ricorse a sotterfugi; alla fine gli fu chiesto quale fosse il prezzo e lui pretese un milione di piastre, al che le trattative furono interrotte. La storia armena fu accantonata, ed a questo punto Simonidis intonò un'altra musica.

... e il tesoro dei Comneni: il falso Aristotele in caratteri cari

Dichiarò di essere in possesso di un manoscritto risalente all'epoca del dominio franco-veneziano a Costantinopoli; in tale manoscritto, a suo dire, un monaco dava notizia del fatto che i Comneni avrebbero sepolto, in vari luoghi del Bosforo, preziosi manoscritti al fine di non farli cadere nelle mani dei Latini; i luoghi erano indicati in modo esatto con dei segni che li avrebbero resi riconoscibili dall'esterno. Così, ad esempio, in un convento nelle Isole dei Principi c'era, a suo dire, un manoscritto che conteneva gli Atti del primo Concilio apostolico di Antiochia.[46] Simonidis chiese al governo turco ed al Patriarca il permesso di condurre

---

[45] I falsi di Simonidis (come l'*Uranio* ad esempio) prevedono volentieri un Proemio...

[46] Tematica affine alla lunga *subscriptio* del falso papiro di Matteo.

scavi in quel sito. Il patriarca (Antimo) pretese che gli venisse innanzitutto fornita l'esatta indicazione dell'isola e del monastero visto che ve n'è una discreta quantità. Simonidis però non ne volle sapere, e il Patriarca negò il permesso. Per vendicarsi di lui, Simonidis fece diffondere la notizia che il Patriarca, alla maniera del Califfo Omar, avrebbe sostenuto a un di presso che «gli Atti del concilio di Antiochia sarebbero superflui, perché o confermerebbero i canoni della chiesa greca, ovvero li contraddirebbero; dunque in un caso come nell'altro sarebbe inutile dissotterrarli».

Poco dopo Simonidis visitò il ministro dei Lavori pubblici e del commercio Ismail Pascha (attualmente governatore di Smirne), un greco di origine, e lo andò a visitare nella sua residenza estiva a Bebek, sul Bosforo. Il Pascha non aveva ancora lasciato il suo Harem, e Simonidis dovette aspettare. Per passare il tempo, andò a passeggiare nel giardino, e raccontò più tardi che nel giardino, in un angolo, avrebbe trovato un posto da lui lungamente cercato, nel quale – secondo quel famoso manoscritto – sarebbe stata sepolta una mappa delle Isole dei Principi ed **una poesia di Aristotele, in lingua greca ma in caratteri cari.**[47] Di conseguenza il Pascha ordinò che si procedesse allo scavo, alla presenza, per l'occasione, del sunnominato signor Cayol. Puntualmente furono trovati, dopo qualche tempo, entrambi i pezzi in una specie di scrigno che aveva un aspetto alquanto antico, e naturalmente i manoscritti in pergamena, abbastanza ben conservati. Il signor Cayol pubblicò in proposito un articolo nel *Journal de Constantinople*[48] senza però trovare presso il

---

[47] Simonidis riteneva dunque di impreziosire i testi greci che creava *immettendovi caratteri dell'alfabeto cario...*
[48] H. Cayol, *Journal asiatique de Constantinople*, 1, 1852 [notizia inesatta].

pubblico colto quell'ammirato stupore in cui, da testimone in buona fede, aveva sperato.

Dunque era opportuno fare un altro tentativo. Ibrahim Pascha, uno dei primi eruditi di questa capitale, concesse che si procedesse a scavare il terreno in vista di una nuova costruzione, sita in una sua proprietà nelle vicinanze dell'ippodromo (*Atmeidan*). Su iniziativa del signor Cayol, Simonidis fu invitato e gli fu domandato se il suo manoscritto dicesse qualcosa a proposito di questa località. Dopo rapida riflessione lui disse che sì, doveva esserci un manoscritto in lingua araba ma in alfabeto antico-siriaco. Lo scavo ha luogo, in presenza del Pascha e dei signori Cayol e Simonidis, senza che sia permesso a quest'ultimo di discendervi. Dopo un lavoro di circa due ore, assolutamente vano, viene fatta una pausa e consumata una colazione, dopo di che il lavoro riprende. Dopo alcuni colpi di vanga, Simonidis esclama ilare: «Eccolo là, tiratelo fuori!». Viene tirato su una specie di scrigno e portato al Pascha. Gli operai scoppiano a ridere. Ibrahim Pascha considera attentamente lo scrigno ed è non poco sorpreso del fatto che la terra che vi è appiccicata è di natura del tutto diversa rispetto a quella che veniva fuori scavando. Gli operai spiegano che, durante la colazione, Simonidis sarebbe corso via, sarebbe saltato dentro la fossa e lì avrebbe sotterrato qualcosa. Questi due dati di fatto non potevano essere negati ed il Pascha chiese al cacciatore di tesori di fornire entro otto giorni una spiegazione. Invece Simonidis non si fece più vedere e venne smascherato anche qui.

Vigilare!

Subito dopo si diffuse qui la notizia che Simonidis si fosse spostato in Inghilterra, dove sperava di trovare un terreno più favorevole per la sua "industria". Dai dati di fatto qui messi in luce si ricava dunque che Simonidis è uno dei più formidabili falsari, contro cui non ci sono difese che bastino. Qui può essere testimoniato nella maniera più esplicita che il suo *Sanchuniathon*, la sua storia armena, la sua *Symaïs*, insomma tutto ciò che egli pretende di avere, sono da cima a fondo un'opera di sua fattura, dunque il più sfacciato inganno. Le prove di ciò possono essere qui prodotte, su richiesta, in qualunque momento e saranno prossimamente pubblicate in modo completo.

Ma anche da un altro punto di vista Simonidis è una persona sommamente pericolosa e tutti coloro alla cui custodia sono affidate rarità letterarie debbono essere messi in guardia nei suoi confronti. Durante il suo soggiorno in questa città, Simonidis si era procurato una autorizzazione all'utilizzo di tutti i manoscritti conservati al Monte Athos, e si era recato lì munito di tale autorizzazione. Non appena la notizia giunse qui, i priori dei conventi dell'Athos furono subito allertati. Era già tardi: si trovò infatti che, in uno dei manoscritti passati per le sue mani, c'era un passo falsificato da Simonidis. Naturalmente il permesso fu immediatamente annullato, ed egli dovette lasciare il Monte Athos.

È dunque consigliabile in modo perentorio di non affidare nessun manoscritto a Simonidis: il manoscritto ne risulterebbe per sempre squalificato. **Poiché Simonidis si è dedicato unicamente a questa specialità, egli è diventato espertissimo in tutti i ritrovati chimici e meccanici necessari alla cancellazione della scrittura e possiede inoltre una straordinaria capacità naturale di imitare ingannevolmente tutte le possibili scritture persino per quel che riguarda l'inchiostro**. E oltre a ciò egli è litografo» [Augsburg, «Allgemeine Zeitung» 28. XI. 1853, 5306-5307].

2. *Simonidis auctor*

La colonna IV del papiro (righi 1-24) è un *collage* di testi tardivi: due provengono da due differenti opere di Marciano (IV d.C.), un paio di righi riprendono una formula di Tolomeo e dello stesso Marciano, e per colmo di sventura viene accolto anche un errore di calcolo dovuto a Tolomeo (pp. 289-306 del nostro volume laterziano = Ed. LED, p. 222). La deduzione è palmare: come può uno scritto sorto comunque dopo il IV secolo d.C. trovarsi su di un supporto del I secolo avanti o dopo Cristo, a piacere? Può aver fatto ciò soltanto un falsario. Ma anche se credessimo nei miracoli o in una lunga catena di coincidenze fortuite, resterebbe comunque insormontabile l'assurda affermazione contenuta nel papiro, secondo cui intorno al 100 a.C. (allorché Artemidoro visitò l'Occidente) la provincia romana della Hispania Ulterior avrebbe incluso «la Lusitania tutta». Insormontabile non solo per l'errore in sé, visto che si tratta, com'è ovvio, della Lusitania «in accezione meramente geografica» (Ed. LED, p. 220), ma soprattutto perché il frammento 21 di Artemidoro-Marciano dice il contrario: che cioè la Ulterior giungeva allora «fino alla Lusitania». Inutile cavarsela dicendo che all'epoca i confini erano poco chiari (chi sa perché). Il problema è che Marciano lì sta ricopiando Artemidoro: il che dimostra che l'Artemidoro che lui leggeva diceva esattamente il contrario di ciò che troviamo nel papiro.

Altra questione: lo sconclusionato testo proemiale delle colonne I e II. Inequivocabile l'esordio. «Colui che si accinge ad un'opera geografica [era esatta la traduzione figurante nel catalogo, errata quella LED, p. 196] deve fornire un'esposizione completa della propria scienza dopo avere in precedenza soppesato [ovvero, plasmato: a piacer vostro] l'anima con volontà protesa alla vittoria». Ripetiamo per l'ennesima volta che questo (beninteso ad assumerlo per autentico) non potrebbe che essere l'esordio generale, l'avvio del libro I, strambamente però piazzato in testa al libro II (Spagna). Vana la riluttanza a prenderne atto (Ed. LED, p. 108).

L'addensarsi massiccio, in così breve spazio, di espressioni e lessico tardo-antichi e bizantini non fu che l'inizio. Poi ci si parò dinanzi la cascata degli anacronismi, errori geografici etc. Per difendere l'indifendibile impasto del divagante proemio, fu chiamato in soccorso «l'aggettivo *alitemeros*, noto solo dall'*Etimologico Magno* è inaspettatamente riemerso nel 1972 in un papiro di Colonia che contiene versi di Archiloco» (Ed. LED, p. 57). Veniva però sottaciuto che l'*Etimologico* mette quel termine in relazione con un passo di Callimaco, e nessuno si stupirebbe di trovare in Callimaco una parola già adoperata da Archiloco. L'*Etimologico* non è che un vocabolario: un verso di Dante citato nel dizionario del Battaglia non per questo diventa del XX secolo. Aggiungiamo poi che *alitemeros* è già in Esichio (ω 167) e inoltre è stato agevolmente ripristinato in Esiodo, *Scudo* 91. Insomma, il parallelo è inconsistente, o meglio inesistente, a fronte delle moltissime espressioni cavate dai *Typikà* di conventi dell'Athos o da Manuele Gabalas o anche da Matteo di Efeso o anche dai Basilici e da Giovanni Cinnamo (se proprio si preferisce *plasteusanta* al ben più probabile *talanteusanta* del r. 3). Il ricorso alla generica nozione di «stile asiano» fallì: nessun riscontro puntuale venne fuori. Al contrario, si vide l'abisso che separa il balbettio del proemio (coll. I-II) dai veri autori definiti «asiani» dai critici antichi.

Un argomento già ben noto, che campeggiava nel mitico catalogo *Tre vite*, suonava così: nel papiro figurano due toponimi, Ipsa e Cilibe, «che finora conoscevamo solo da monete» (p. 91). Da tempo abbiamo agevolmente dimostrato che i Cilibitani ci sono già in Plinio, per giunta nella stessa pagina in cui figurano altri toponimi che ritroviamo nel papiro, e inoltre in Rufo Festo Avieno. Cilibe uscita di scena (Ed. LED, p. 256), si aggrapparono a Ipsa (Ed. LED, p. 58). Eppure avevamo chiarito che il toponimo attestato da monete non è Ipsa, ma l'iberico Ipses (dunque un altro) e trovasi da tutt'altra parte. In tutta questa devozione per Ipsa [che è risultato poi frutto di un antico fraintendimento][49] non si è fatto caso ad un fenomeno macroscopico: ne tacciono, pur nell'ambito di analitiche rassegne della Betica, Strabone, Plinio, Tolomeo (dalle straripanti liste) e addirittura Marciano (utilizzato a corrente alternata). E invece il toponimo novissimo

---

[49] Cfr. *Artemidorus personatus*, Bari, Ed. di Pagina 2009, pp. 30-32.

sbucherebbe fuori nell'ultra-selettivo periplo del cosiddetto Artemidoro, dove però mancano numerosi importanti toponimi costieri della Spagna (Hemeroskopeion, Abdera, Malake) che dai frammenti del vero Artemidoro sappiamo figurare nel libro II.

Ma teniamoci ancora ai toponimi. Nella colonna V (40-42) del papiro si legge a proposito di un fiume della Lusitania: «c'è poi il fiume Obleuion; questo viene chiamato anche Lethes e Limias». Frase piuttosto stravagante visto che *Oblivio* (= dimenticanza) e *Lethe* (= dimenticanza) sono la stessa parola, rispettivamente in latino e in greco.

Spiegazione: la fonte messa a frutto in questo caso è Strabone (3,3,4) dove si legge che «il fiume detto della dimenticanza alcuni lo chiamano Limias, altri Belion». Belion è toponimo iberico. Ciò è ormai generalmente riconosciuto; oltretutto da un frammento del vero Artemidoro apprendiamo che i Lusitani erano detti anche Belitanoi. È dunque chiaro che si è prodotto uno spiacevole incidente. L'umanista Xylander, che ignorava ciò che oggi sappiamo sul toponimo Belion, corresse quel nome in Obleuion (classica congettura elegante ma sbagliata). La congettura piacque all'editore Didot (Parigi 1853) di Strabone, che la accolse nella traduzione latina. L'autore del papiro si è servito dello Strabone Didot e ha immesso nel suo Artemidoro l'incredibile «Obleuion detto anche Lethes».

Caduto tutto il resto, ci si appella al «sampi con un'unità sovrapposta in funzione di esponente» (Ed. LED,

p. 58), peraltro «mai affermatosi nella tradizione grafica greco-egizia», tanto da indurre alla fantasiosa ipotesi di un modello partito dalla Ionia (LED, p. 92). Avevamo già dato non poche informazioni al riguardo. Era noto che dell'alfabeto cario, di cui quel segno (ben visibile nelle epigrafi di Priene) è la trentaduesima lettera, il poliedrico Simonidis fu cultore virtuoso: tanto da scrivere un'intera, falsa, pergamena di Aristotele tutta in alfabeto cario. Ma da ultimo è emersa la prova della conoscenza diretta da parte di Simonidis di quelle epigrafi.[50]

Ma forse è giunto il momento di ribadire per l'ennesima volta che le questioni sono due e ben distinte: a) il cosiddetto Artemidoro non può essere tale perché incorpora testi di molto successivi, b) se però il papiro che lo tramanda si colloca davvero, e non stentiamo a crederlo, tra 40 a.C. e 130 d.C., allora è comunque opera di un moderno. Ovviamente potrebbe essere "salvato" se un'altra provvidenziale analisi al carbonio venisse in soccorso, e collocasse il supporto – che dire – tra Diocleziano e Giustiniano, oppure tra Giustiniano e Manuele Gabalas, oppure tra Gabalas e Meletios. Non si sa mai. La scrittura non costituirà impedimento. L'accostamento col cosiddetto papiro di Cleopatra è talmente inconsistente che può essere agevolmente accantonato. E infatti alla fine lo è stato. E si offre invece una ghiotta possibilità: quella dei papiri ercolanesi, accostamento che non era sfuggito, anzi era cautamente prospettato nell'«Archiv» del 1998. Certo,

---

[50] «Quaderni di storia» 73, 2011, pp. 199-209.

sarebbe un po' curioso ritrovare in Egitto scritture di tipo ercolanese, ma, com'è noto, per fortuna, nel XVIII secolo e al principio del XIX i papiri di Ercolano furono ricopiati, disegnati, in album di facile accesso. E Simonidis li conosceva benissimo.

3. *Profilo dell'autore*

Quale profilo viene fuori dell'autore di questo testo? La risposta si deve articolare su due piani. Dal punto di vista della *qualità* del testo prodotto, si può dire, alla luce delle osservazioni sin qui fatte, che l'autore ha una discreta esperienza del greco tardo e bizantino, ma non ha tenuto conto dell'anacronismo di far parlare un autore efesino del tempo di Caio Mario nella lingua di Eusebio di Cesarea o degli *Acta Conciliorum* o addirittura di Gennadio Scolario. Dal punto di vista sintattico, l'artefice del papiro non ha più la percezione della sintassi del greco antico, e fa affidamento – come farebbe un "moderno" – *sulla punteggiatura*, trascurando che questa risorsa è estranea alla sintassi di epoca classica così come a quella della *koiné* in tutta la sua lunghissima vita. Anche questa è una 'crepa' fatale.

Per quanto attiene al contenuto, ha commesso alcune imprudenze gravi. Per esempio parrebbe voler collocare al principio del libro II una prefazione generale sul significato, l'importanza, l'*ethos* della Geografia: tematica ovviamente destinata, come infatti accade in Strabone, alla introduzione generale dell'opera, non a quella di un libro successivo. Peraltro la vacua e tortuosa tirata sul rapporto *filosofia* (che per lui è soprattutto la teologia)-*geografia* trae ispirazione proprio dal fatto che la prima pagina di Strabone incomincia con tale motivo, trattato, però, con ben altra sobrietà. Né saremo mai sufficientemente grati a Maurizio Calvesi, il quale ha dimostrato che le frasi iniziali dello pseudo-Artemidoro ricalcano molto da vicino quelle esordiali della *Geografia generale comparata* di Carl Ritter (traduzione francese 1835).[51]

Anche l'addensarsi in queste colonne di argomenti, definizioni etc. che dovevano essere già state espresse sin dal principio (per esempio la circostanziata definizione del mare Mediterraneo), conferma che ci troviamo di fronte ad un *caso caratteristico dell'auto-referenzialità e della intenzionale 'completezza' del falso frammento che nasce appunto come frammento*: dotato perciò non soltanto di introduzione, ma foriero di quelle informazioni e definizioni che si danno *la prima volta* che si nomina una località, un toponimo etc. È insostenibile che proprio all'interno del frammento superstite capiti la "prima volta" di termini frequentissimi.

Superata con disagio la sproloquiante nullità della introduzione generale (colonne I-III), si approda ad un

---

[51] Cfr. M. Calvesi, in «Storia dell'arte» 119, luglio 2008, pp. 109-128. Nella pubblicazione bilingue italo-tedesca, *Ma come fa a essere un papiro di Artemidoro?*, edizioni di Pagina, Bari 2008, pp. VII-XV, il lettore può trovare una sinossi puntuale tra il francese del traduttore di Ritter e il greco dello pseudo-Artemidoro. Ancora più precisa sinossi può trovare in *P.Artemid. sive Artemidorus Personatus*, edizioni di Pagina, Bari 2009, pp. 8-9.

inizio di libro (nonché *inizio* di colonna) che *coincide* – vedi caso – *con l'unico frammento artemidoreo già noto di consistenti proporzioni*. Con una variazione sintomatica: il vero frammento rivelava chiaramente di derivare da un contesto più ampio nel quale si trovava il soggetto della frase; nel papiro invece il frammento viene trasformato in inizio e conseguentemente ritoccato, e portato all'autosufficienza sintattica. Per giunta, il ricorso – da parte del falsario – a strumenti invecchiati (l'edizione Meineke di Stefano; l'edizione Sillig di Plinio etc.) ha determinato inconvenienti seri: il più grave dei quali è la adozione di congetture moderne erronee, immesse di peso nel malcapitato papiro. Altro inconveniente è la totale dimenticanza delle cifre del 'vero' Artemidoro.

Nella sostanza, siamo di fronte ad un *bricolage* di brani già noti: un frammento artemidoreo-marcianeo conservatoci da Costantino Porfirogenito, cinque righi di Marciano sulla struttura dei Pirenei, una frase di Tolomeo, contenente un errore relativo al promontorio di Oiasso (anche questo errore viene recepito nel papiro), una pagina di Strabone sui "lati" della Spagna, per tacere di altri apporti minori più o meno formulari. Il tutto impreziosito da brevi aggiunte che sanno di vaniloquio, come quando viene prospettato il «gran pezzo di Gallia» e di Spagna che si osserverebbe «dai fianchi dei Pirenei».

E poiché Artemidoro aveva fama di essere molto impegnato nel campo delle misurazioni e delle 'distanze', l'autore ha pensato bene di metterle tutte in fila in un'unica 'cascata' dal promontorio di Afrodite Pirenaica al capo Artabro passando per le colonne d'Ercole. Senza darsi troppa pena se per il versante mediterraneo segnava pochi toponimi essenziali con le relative distanze, e invece per il versante atlantico ne indicava molte e anche minime, di pochi stadi (sebbene avesse preannunziato in V, 16 di volerne dare solo una "visione d'insieme"): semplicemente perché questo squilibrio era già nelle sue fonti.

Tra Karl Benedikt Hase, che 'crea' i frammenti greci del *Toparcha Gothicus*, gabellandoli come antichi documenti sulla storia russa,[52] ed il più giovane Costantino Simonidis, autore di falsi palinsesti e papiri di testi biblici e cristiani (del Pastore di Erma, Wien, Suppl. Graec. 119; del più 'antico' esemplare di Matteo risalente ad appena pochi anni dopo «l'ascensione» etc.),[53] e soprattutto di falsi geografici (dal periplo di Annone ad Eulyros), lo pseudo-Artemidoro assomiglia ben più al secondo che al primo. La controprova è nel fatto che Simonidis nella sua autobiografia, da poco scoperta, *attribuisce a se stesso i viaggi compiuti da Artemidoro* in Trogloditica e Mar Rosso testimoniati da Strabone (libro XVI) nel medesimo contesto in cui Strabone illustra, quasi incredulo, gli animali fantastici di cui Artemidoro parlava e che ritroviamo sul verso del papiro.

---

[52] Su cui cfr. I. Ševcenko, *The date and Author of the so-called Fragments of Toparcha gothicus*, «Dumbarton Oaks Papers» 25, 1971, pp. 115-188 (con 28 tavole). Lo smascheramento è avvenuto dopo circa un secolo e mezzo.

[53] Cfr. C. Gastgeber, *Der Fälscher Konstantinos Simonides*, in *Kopie und Fälschung*, Graz, Akad. Druck, 2001, pp. 93-108 (specie 104-105).

Simonidis, *Viaggio di studio archeologico*	Strabone, XVI, 4, 24
«[...] Avendo percorso tutt'intorno e accuratamente sia il monte Sinai che il territorio circostante, quindi il paese dei Cassaniti tutto per intero e quello degli Elisari, e giunto fino al promontorio palindromo per svolgervi ricerche archeologiche passò, attraverso il mare degli Eropoliti (comunemente detto Mar Rosso) nella città di Filotera nella Trogloditica, e di lì giunse al Μυὸς ὅρμος [il porto del Topo] e poi alla città di Copto. Da Copto si spinge fino a Tebe, dove essendosi fermato tre interi mesi parte per le isole Philai, poste a Sud di Syene, e anche di lì, dopo Syene, dopo sette mesi, tornò ad Alessandria, con tre casse di annotazioni archeologiche».	«Artemidoro dice che il promontorio arabo che si trova di fronte a Dira si chiama Acila, e che gli abitanti di Dira si mutilano il glande. Dice inoltre che, per chi si mette in mare e naviga lungo la Trogloditica partendo da Heroonpolis, la città che si incontra è Filotera, così chiamata dalla sorella del secondo Tolomeo; che la città fu fondata da Satiro, inviato con il compito di esplorare la Trogloditica e di informarsi sulla caccia agli elefanti. Dice che subito dopo c'è un'altra città, Arsinoe; quindi lo sbocco in mare di acque calde di sapore aspro e saline che vanno a finire in mare da un'altura rocciosa, e che vicino c'è un monte, nel bel mezzo della pianura, rosso come ocra; dopo di che – dice – c'è Myòs Hormos [l'approdo del topo] che chiamano anche porto di Afrodite.» (Artemidoro, fr. 96 = Strabone, XVI, 4, 5) «Le merci giungono dall'Arabia e dall'India a Myòs Hormos. Dopo di che avviene il trasporto fino a Copto nella Tebaide sui cammelli».

Nel 2001, al congresso di papirologia di Vienna, fu allestita, accanto alle maggiori iniziative di studio, una piccola mostra sui falsi, il cui catalogo era appunto il bel volumetto *Kopie und Fälschung*. Esso si apre con un testo esplicitamente ammonitorio intitolato *Warnung*:

Fälscher am Werk (*Attenzione: i falsari sono sempre all'opera*). Non sarà stata un'iniziativa casuale né estemporanea. Ma, si sa, persino il grande Mommsen ha preso qualche rara volta per buone, nel *CIL*, moderne epigrafi latine prospettateglii come antiche da dotti locali. «Il falso è la follia che prende talvolta i filologi di genio» ha detto un filologo francese pensando ai micidiali falsi di François Lenormant. Sir Edmund Backhouse donò alla Bodleian nel 1913 migliaia di fascicoli manoscritti cinesi anche preziosi, ma mescolandovi alcuni quinterni che erano di suo conio, come il diario di Chingshan, che a lungo fu reputato il più importante documento sulla rivolta dei Boxer. In un siffatto *mélange* di vero, di falso e di plausibile – che consente al falsario di attraversare i secoli – ci sono gli estremi del "capolavoro". Tale, in quanto prodotto moderno, è lo pseudo-Artemidoro.

4. *Riepilogo*

Siamo ora in grado di ricostruire la maniera di lavorare (*modus operandi*) di questo falsario. Egli ha trascelto – da un certo numero di fonti – le frasi e le formule da utilizzare e mettere insieme, modificandole qua e là.

1) Per l'esordio, ha preso a base l'esordio di un'opera dimenticata da molto tempo, la *Géographie générale comparée* di C. Ritter, pubblicata in Germania nel 1817, la cui traduzione francese si era fermata al primo volume.

2) D'altro canto, era irresistibile il richiamo esercitato dalle prime righe di Strabone («la geografia è una scienza afferente alla filosofia»), poiché si trattava dell'inizio di un'opera che gli antichi consideravano la più vicina al grande libro di Artemidoro (Marciano lo dice chiaramente) e poiché Strabone è l'unico geografico superstite dell'età antica (classica).

3) Ma di quale filosofia si tratta? La risposta di Strabone era vaga (l'arte politica – diceva – e l'arte militare hanno bisogno della geografia: è questo che la rende filosofica). Al contrario il grande trattato di Melezio offriva una prospettiva del tutto differente, e si fondava inoltre a sua volta sulla lunga prefazione di Niceforo Gregora: entrambi suggeriscono un'interpretazione di "filosofia" in senso religioso-teologico. Donde la scelta del falsario di precisare che la filosofia di cui egli parla è *"la più divina"*.

4) La quantità di accostamenti possibili tra le due prefazioni (Niceforo e Melezio da un lato, lo pseudo-Artemidoro dall'altro) è tale che è difficile rifugiarsi nella tesi della pura casualità: σιγᾶν/λαλεῖν + δι' αἰῶνος φιλοσοφεῖν + ἀκίνητος κίνησις + ἐξάπλωσις + ἄνθρωπος κοσμοπολίτης etc.

5) L'immagine della panoplia dogmatica adottata dall'una e dall'altra (dalla "filosofia più divina" e dalla geografia) è il coronamento di questo abile *collage*.

6) Oltre al grande libro di Melezio, l'autore dello pseudo-Artemidoro conosceva un libro scolastico (di geografia) scritto agli inizi del XIX secolo per la Grecia risorgente: ovvero gli *Elementi di geografia* di Niceforo

Theotokis, raccolti e pubblicati da Anthimos Gazis, un'opera finanziata dai fratelli Zosimadai e stampata a Vienna nel 1804. L'anno seguente gli Zosimadai finanziarono un'opera più ampia: la *Raccolta dei frammenti e delle epitomi dei geografi minori* (compreso Artemidoro, e compreso il fr. 21 presentato – ovviamente – nella radicale riscrittura di Isaac Vos). Chi conosce un po' la storia della Grecia nel XIX secolo sa bene che cosa ha significato la famiglia Zosimadai. E Simonidis, che era loro amico, loro protetto, loro autore (da loro aveva pubblicato l'edizione del trattato di Dionigi di Furna, *Manuale di iconografia cristiana* [che incomincia allo stesso modo dello pseudo-Artemidoro!]), non soltanto poteva trovare in Austria o altrove un esemplare dei trattati di matematica o di geografia di Theotokis, ma li possedeva nella *sua* biblioteca, nella biblioteca della sua città natale, nel convento di Panormitis a Simi!

Ora, quel che qui ci interessa è – ancora una volta – la prefazione *sulla geografia*, che figura in testa agli *Elementi*. Quali sono gli "ingredienti" di questa prefazione? La geografia, la filosofia (chiamata «madonna filosofia», «δέσποινα φιλοσοφία») nonché l'immancabile *devozione dei Greci alle Muse*. E in questa triade (geografia-filosofia-Muse) lo pseudo-Artemidoro si riconosce perfettamente: alla fine della colonna I (righe 41-44) l'autore del papiro si spinge ad affermare che non solo il *geografo/filosofo*, ma l'*uomo in generale* «si consacra totalmente alle venerabilissime Muse e agli insegnamenti virtuosi che da esse promanano».

7) Ma quale fu la suggestione che spinse Simonidis

ad aggiungere un Artemidoro alla collezione di falsi geografici che aveva al suo attivo? Fu con tutta probabilità il monumentale *Artemidoro* di Kuffner (vd. *supra* cap. VIII e *infra* Parte III, cap. XVI, 8). Là il presupposto è che Artemidoro fosse nello stesso tempo il geografo di Efeso e il filosofo amico di Plinio il Giovane. Nel grande libro di Kuffner, Artemidoro – come sappiamo – è il protagonista di un viaggio attraverso l'impero romano (sul modello di Anacarsi in Grecia) ed è lui che, viaggiando dall'Asia Minore, all'Egitto, alla Spagna etc., racconta la storia romana fino alla battaglia di Azio. Anche per questo Artemidoro cronologicamente spostato in epoca flavia la Spagna risulta del tutto assoggettata ai Romani. Che l'idea di creare un Artemidoro inneggiante all'identità geografia-filosofia sia venuta a Simonidis grazie a questo monumentale *Viaggio di Artemidoro* è un'ipotesi più che plausibile, che permette di concludere in modo soddisfacente l'indagine sull'origine dello pseudo-Artemidoro e sul modo di lavorare del suo autore.

C'è una logica in questa creazione. È frivolo obiettare "Ma quante fonti!": in effetti si tratta semplicemente della *biblioteca d'uso* di un *dilettante* che era anche un patriota greco ed un falsario di genio.

Tavole

Tavola 1

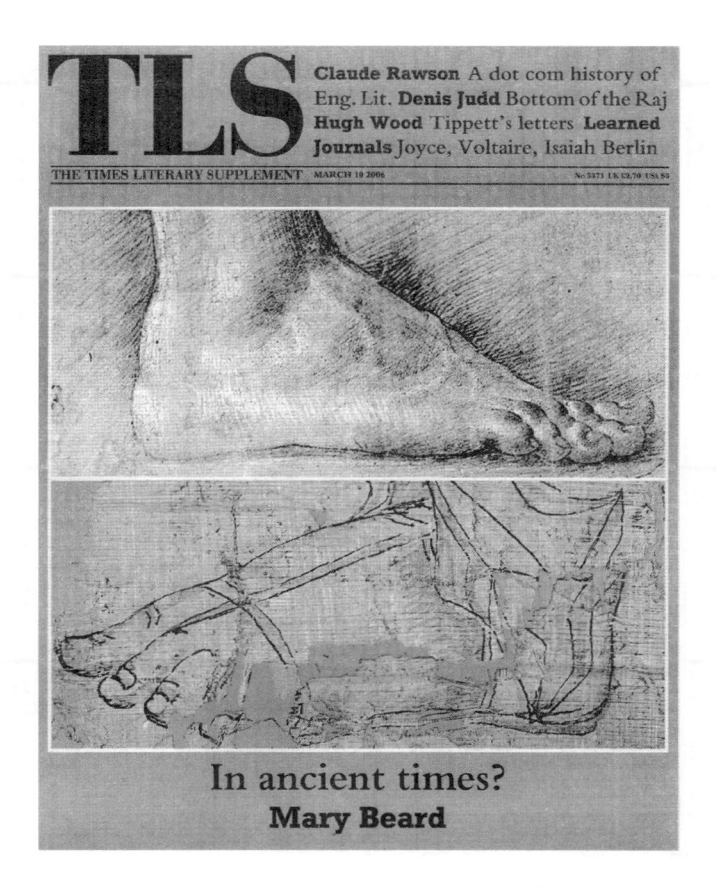

Tavola 2

Tavola 3

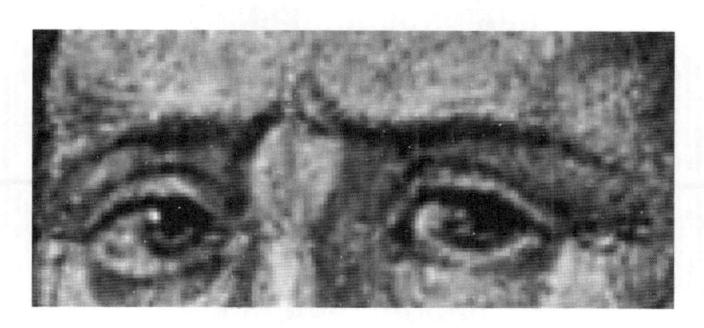

a

b

Tavola 4

a

b

Tavola 5

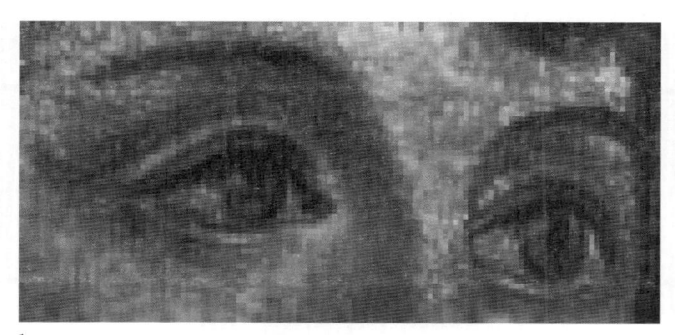

a

b

Tavola 6

Tavola 7

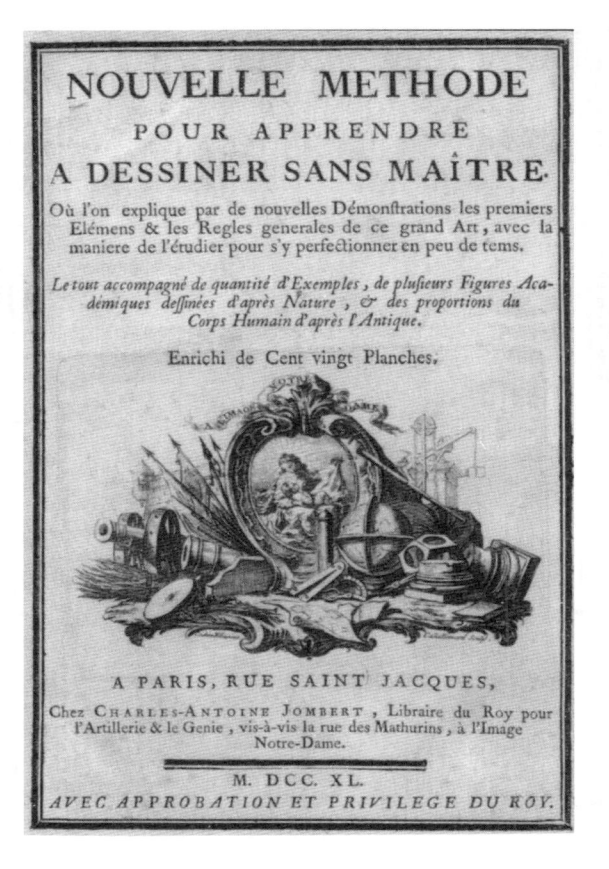

NOUVELLE METHODE
POUR APPRENDRE
A DESSINER SANS MAÎTRE.

Où l'on explique par de nouvelles Démonstrations les premiers Elémens & les Regles generales de ce grand Art, avec la maniere de l'étudier pour s'y perfectionner en peu de tems.

Le tout accompagné de quantité d'Exemples, de plusieurs Figures Academiques dessinées d'après Nature, & des proportions du Corps Humain d'après l'Antique.

Enrichi de Cent vingt Planches.

A PARIS, RUE SAINT JACQUES,

Chez CHARLES-ANTOINE JOMBERT, Libraire du Roy pour l'Artillerie & le Genie, vis-à-vis la rue des Mathurins, à l'Image Notre-Dame.

M. DCC. XL.
AVEC APPROBATION ET PRIVILEGE DU ROY.

Tavola 8

a

b

Tavola 9

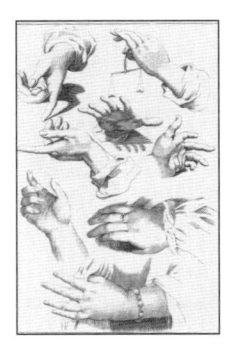

a

b

Tavola 10

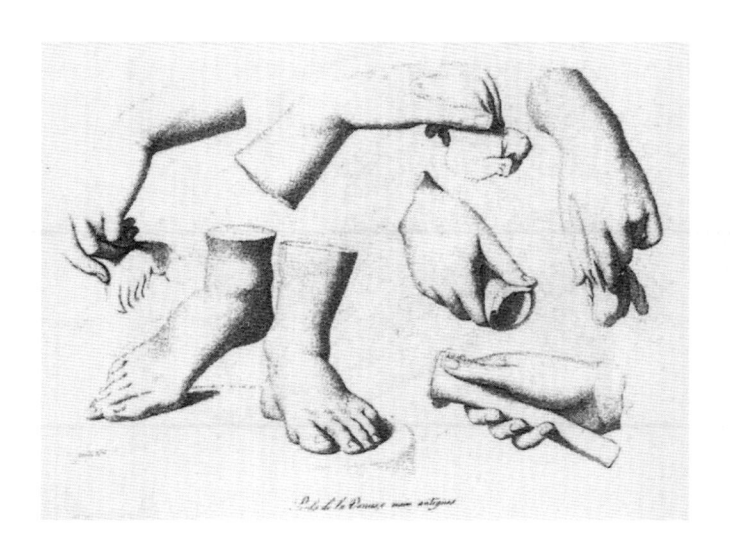

Tavola 11

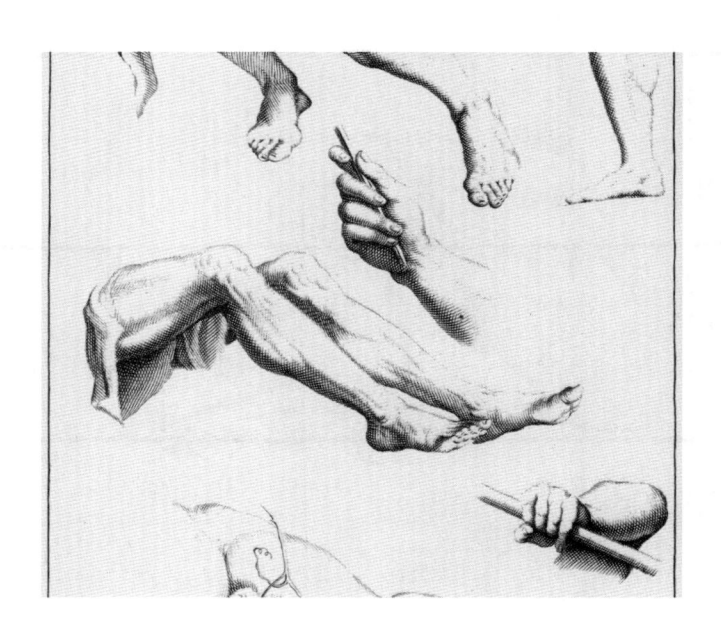

Tavola 12

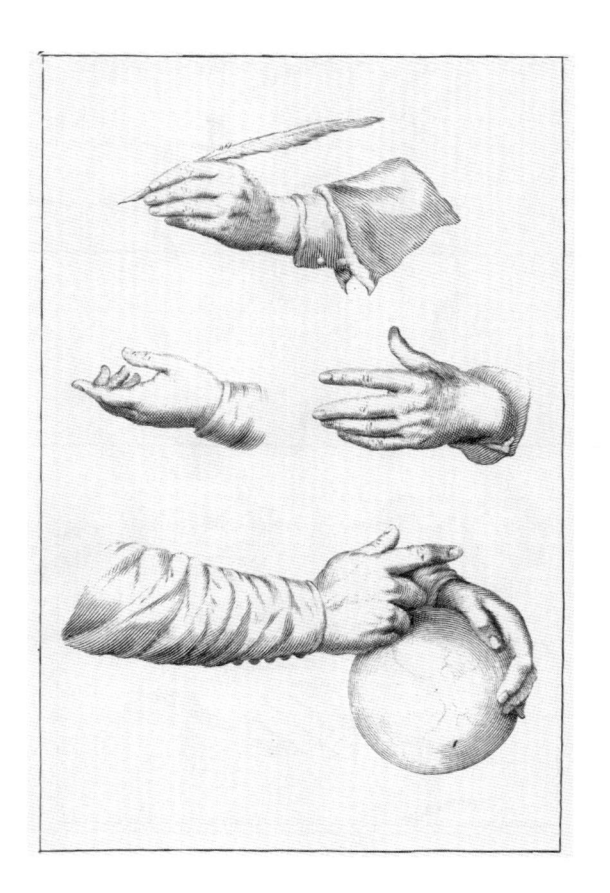

Tavola 13

Tavola 14

Dessein.
Jambes et Pieds.

Tavola 15

Tavola 16

a

b

Tavola 17

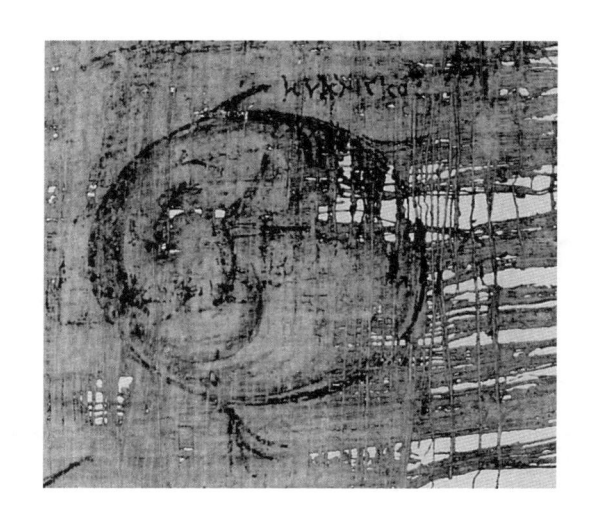

a

b

Tavola 18

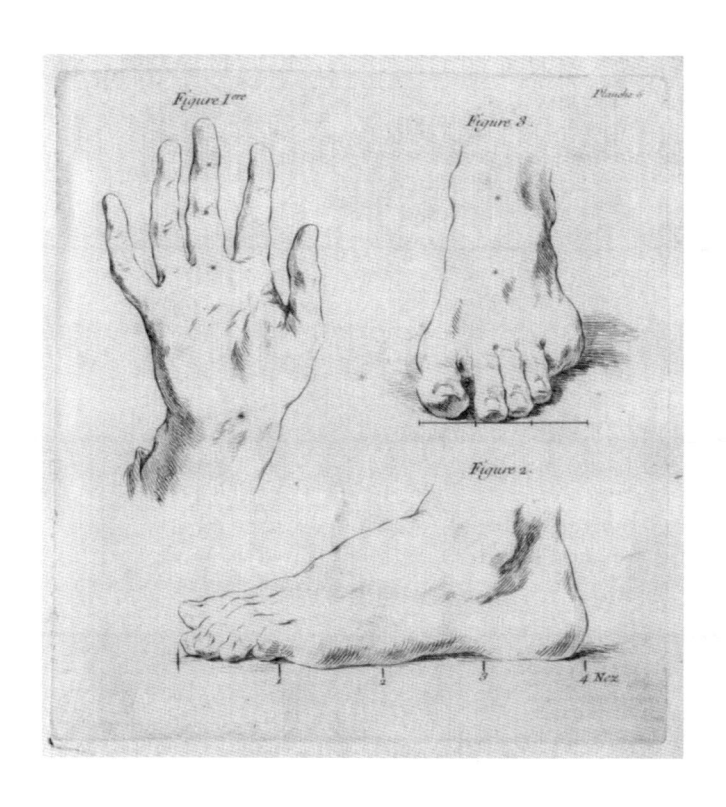

Tavola 19

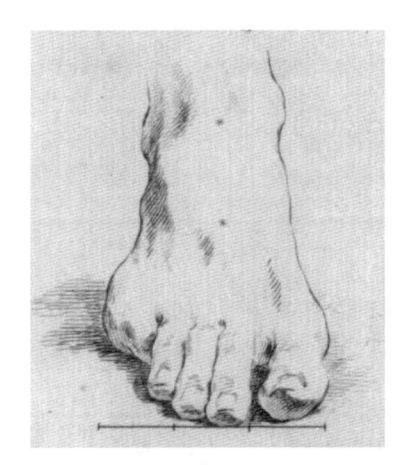

a

b

Tavola 20

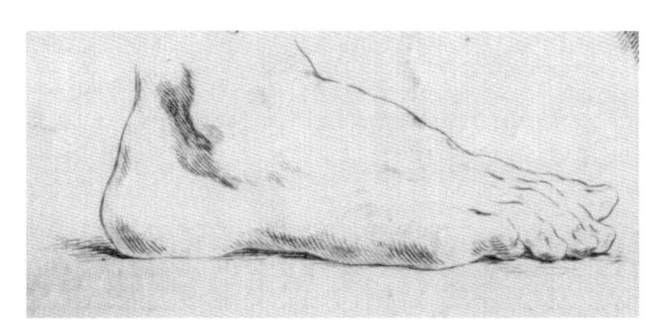

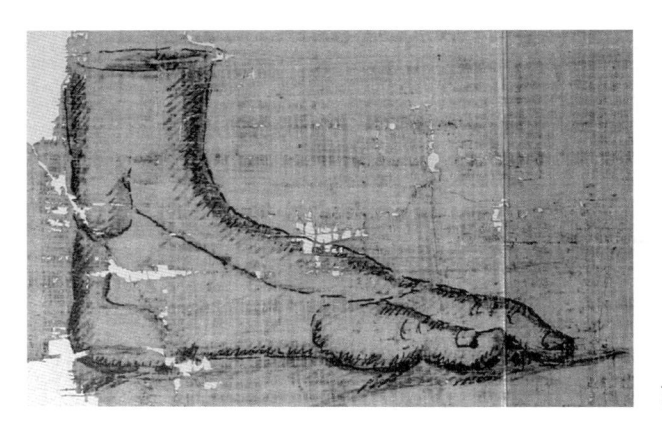

a

b

Tavola 21

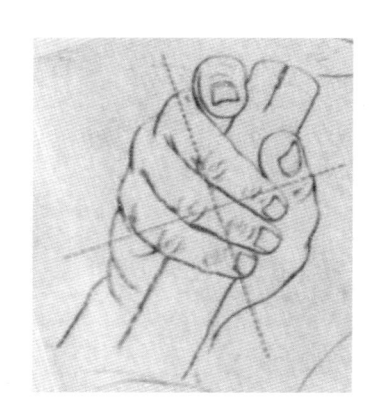

a

b

c

151

Tavola 22

a

b

Tavola 23

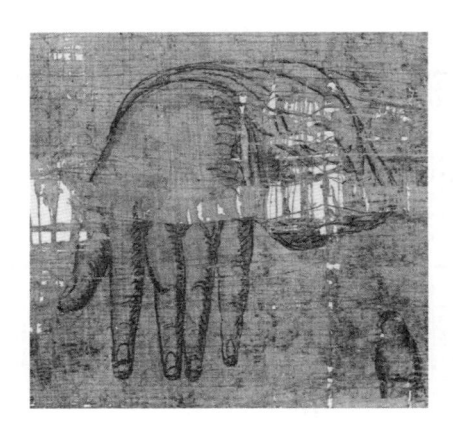

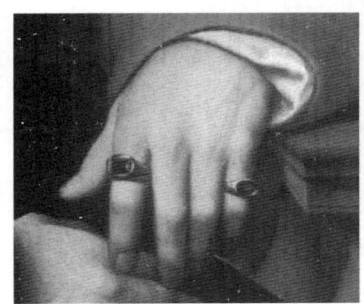

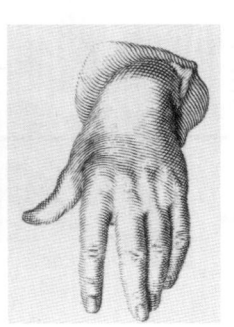

Tavola 24

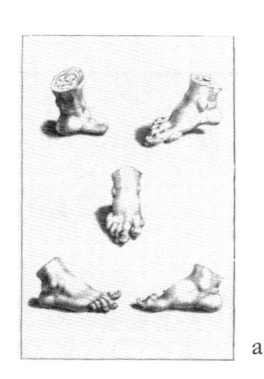

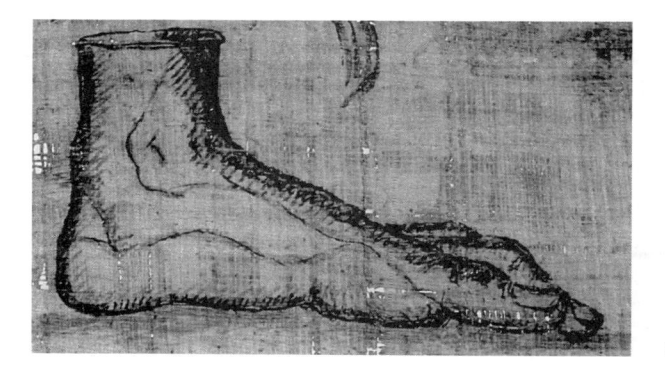

Tavola 25

LES
PROPORTIONS
DU
CORPS HUMAIN

Mesurées sur les plus belles Figures de l'Antiquité.

A PARIS,
Chez GIRARD AUDRAN, Graveur du Roy, ruë S. Jacques,
aux deux Piliers d'or.

MDCLXXXIII.
AVEC PRIVILEGE DU ROY.

Tavola 26

METHODE
Pour apprendre
A DESSINER
LES PASSIONS,
Proposée dans une Conference
SUR
L'EXPRESSION GE'NE'RALE,
ET
PARTICULIERE.

Par Mr. LE BRUN, *Premier Peintre du Roy, Chancelier & Directeur de l'Academie Royale de Peinture & de Sculpture.*

Enrichie d'un grand nombre de Figures, très-bien deffinées.

A AMSTERDAM;
Chez FRANÇOIS van-der PLAATS;
Marchand Libraire, dans le Gaperſteeg.

M. DCCII.

Tavola 27

LE GRAND LIVRE
DES PEINTRES,
OU
L'ART DE LA PEINTURE

Confidéré dans toutes fes parties, & démontré par principes;

Avec des Réflexions fur les Ouvrages de quelques bons Maîtres, & fur les défauts qui s'y trouvent.

Par GÉRARD DE LAIRESSE.

Auquel on a joint les Principes du Deffin du même Auteur.

Traduit du Hollandois fur la feconde Édition,

Avec XXXV Planches en taille-douce.

TOME PREMIER.

A PARIS,
A L'HÔTEL DE THOU, RUE DES POITEVINS.

M. DCC. LXXXVII.
Avec approbation et privilége du roi.

Tavola 28

Αἰγίλωψ : Πόα τὶς, καὶ πάθος.
Αἰγίπου : Ἀετὸς ὑπὸ Μακεδόνων.

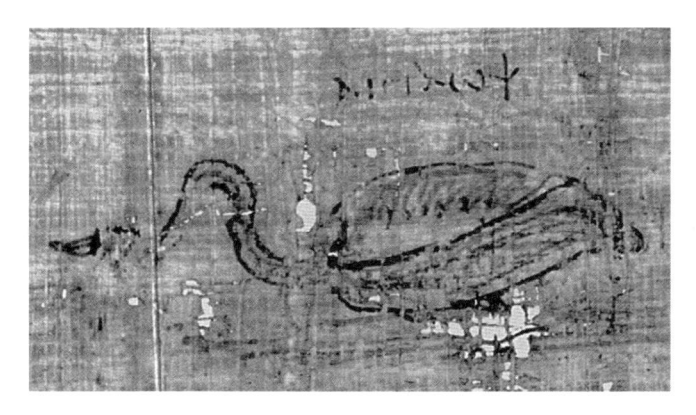

a

b

Tavola 29

a

b

Tavola 30

Tavola 31

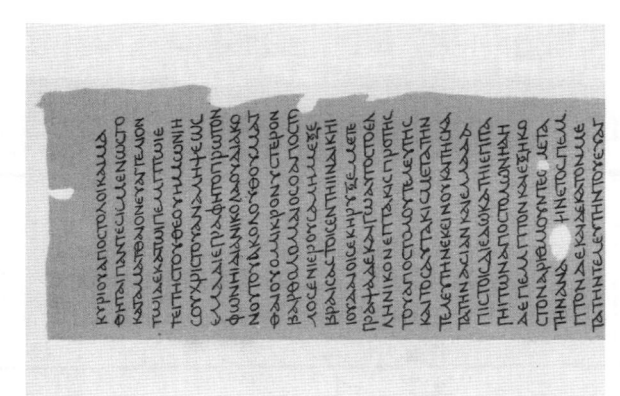

a

b

Tavola 32

Parte III
Spiegazione dell'enigma

Si può imitare, non inventare di nuovo...

G. SIMENON

XII
Il frammento sano

La conclusione del testo contenuto nel papiro («il resto della costa non l'ha visto nessuno») così come il suo inizio («Colui che si accinge ad un'opera geografica deve per prima cosa etc.») incarnano e documentano la più macroscopica – e perciò sempre sottaciuta – anomalia dello pseudo-Artemidoro: il fatto cioè che esso si presenti nella paradossale veste di «frammento» (per giunta vistosamente danneggiato) e al tempo stesso di testo intero, completo. Lo stesso accade per i disegni: «Le lacune del papiro non compromettono la comprensione dell'immagine, colpita parrebbe da bombe intelligenti che girano intorno agli studi di teste (si è perduto – non è grave – un ricciolo, il lobo di un orecchio), senza mai centrare il cuore del disegno».[1] Questo secondo fenomeno è evidente, ad esempio, nel caso della prima testa (R1), frontale, figurante nello spazio vuoto (*agraphon*) che precede la prima colonna di scrittura. Il disegno è stato tracciato sul papiro già danneggiato. Ne è derivato un inconveniente comico: il collo

---

[1] A. Ottani Cavina, *Un papiro di pieno Ottocento*, «la Repubblica», 11 giugno 2008, pp. 40-41.

del malcapitato, per ragioni di spazio, è slittato verso destra (causa lo strappo del papiro in quel punto), sì da determinare una sagoma che sarebbe poco definire taurina. La paradossale natura di "frammento sano" è confermata dalla condizione dell'intero testo, non soltanto dal fatto che, vedi miracolo, il pluridanneggiato papiro conserva sia l'inizio che la conclusione del modesto scritto che racchiude. Di mezzo c'è un ammirevole campionario di mai rovinose perdite. Procediamo dunque con ordine.

1. *Il proemio*

Una volta esauritosi il vaniloquio sul tema «donde incominciare? dall'intero o da una parte?», il proemio non ha prospettive di ulteriori svolgimenti. Ha, per così dire, esaurito la carica. Peraltro la tecnica argomentativa adottata dal falsario è quella di far mostra di avanzare restando fermi o, anche, di arretrare riaprendo una questione dopo che essa appariva già risolta (altro che «piétiner sur place»!). Tutto il proemio è costruito così. Ed è ovvio, visto che il suo contenuto concettuale è pretestuoso se non nullo. È tipico dei falsari specie di testi antichi creare sequenze che, prudentemente, non dicono quasi nulla: il falsario deve infatti cercare di dire il meno possibile, per evitare anacronismi, contraddizioni etc. Di qui l'adozione della tecnica del far mostra di avanzare restando fermi. Ed è chiaro che una tecnica del genere non consente di protrarre troppo a lungo il vaniloquio, ovvero menare troppo a lungo «il can per l'aia». Così, nel caso specifico, al punto in cui si arresta la colonna II (che "salvificamente" s'interrompe, con mozziconi di parole, al rigo 28), non c'è più altra possibile variazione sul tema «che fare, cominciare dall'intero o da una parte?». Oltre tutto, già ai righi 16-17 l'opzione di «dar di piglio all'intero» è stata bollata come «caratteristica degli ignoranti»; dopo di che, con maldestro passo indietro, viene riproposto ai righi 18-20 l'invito a scegliere il «modo di dare avvio al lavoro» (e viene, questa volta, suggerito di *scegliere comunque* e adeguarsi alla scelta *qualunque essa sia*); ma ai righi 24-25 ritorna la figura del geografo drammaticamente sballottato tra opposti pensieri in merito alla scelta da compiere (la parte o l'intero!?); e addirittura ai righi 26-27 il lettore viene piombato nell'angoscia di fronte alla tragicomica figura del geografo abbandonato a se stesso e «senza aiuti». (L'unica variante che viene trascurata è l'opzione per il suicidio).

2. *La terza colonna*

La quasi inesistente terza colonna ha un compito importante nell'ambito di questa fabbricazione: essa rappresenta in modo quasi plateale l'esser mutilo; deve far risaltare cos'è un danneggiamento, quali sono gli effetti dei *danni materiali*, delle "offese del tempo". In verità bisogna riconoscere che è quasi più facile costruire un brandello sano che non un oggetto ridotto a malpartito! Per dare l'idea del danneggiamento materiale, il falsario non ha saputo far di meglio che creare una serie di inizi di rigo costituiti da pezzi di parole facilmente riconoscibili: per colmo di sfida al calcolo delle probabilità, non solo si tratta per lo più di inizi di parole, ma per giunta di parole che costituiscono una specie di campionario della terminologia geografica (ἱερῷ [?], λιμένα, ἀκρωτήριον, ἐπίσημος [?], ἱστορία, γεωγραφία [?]).

3. *Le colonne* IV *e* V

A conferma della natura composita e artificiosa di questa fabbricazione, non è superfluo ricordare che la colonna IV, dove ha inizio la vera e propria trattazione, non solo incomincia con l'unico frammento artemidoreo di una qualche ampiezza, di cui si disponga (il cosiddetto fr. 21), ma ce lo offre qua e là *riscritto* sì da renderlo sintatticamente autosufficiente laddove tale esso non è nel contesto che ce lo tramanda (il cap. 23 del *De administrando imperio* di Costantino Porfirogenito, vero *collage* di fonti). Questo punto merita una particolare segnalazione. Non si tratta, infatti, di un testo «più completo» rispetto al già noto fr. 21, ma di un testo capillarmente ritoccato e lievemente amplificato, e soprattutto fornito di un soggetto esplicito (ma, come vedremo, disastroso) che nella citazione presente nel cap. 23 costantiniano non c'è perché c'era *nel precedente contesto da cui la citazione è tratta*. Nel caso del capitolo costantiniano, perciò, non si determinava problema né difficoltà per il lettore, giacché lì il soggetto è surrogato limpidamente dalle frasi introduttive del capitolo, oltre che dallo stesso titolo. Ma una volta estratto, il brano, usato come inizio di una trattazione, aveva assoluto bisogno di un soggetto; e gli è stato dato. Cosa si è dunque verificato? Che un brano, tramandato come di Artemidoro, *ma che era estratto da un suo contesto*, è stato – dal falsario – "promosso" ad *esordio* della descrizione-periplo della Spagna (coll. IV-V). Ciò in omaggio al principio-base di questa fabbricazione: che è appunto il metodo del «frammento sano». Il procedimento è sempre il medesimo, e coerente anche nel rendere *completi* i *frammenti* di cui già si disponeva.

S'è fatto cenno all'infelice escogitazione, da parte di chi ha fabbricato questo testo, di un soggetto esplicito per la frase esordio del periplo. Tale soggetto («la Spagna tutta», «l'intero paese») è in realtà inficiato da grave inadeguatezza: infatti, una volta "aggiustato" il frammento in questo modo, il malcapitato Artemidoro si trova a dire che, al tempo suo, *tutta* la Spagna era stata suddivisa dai Romani in due province. Il falsario non sapeva che al tempo di Artemidoro una consistente parte della Spagna non era ancora sotto dominio romano. Lo sarà con le campagne di Augusto circa ottant'anni più tardi.[2]

---

[2] Si è osservato (*supra*, Parte II, cap. VIII, *sub fine*) che si tratta dello stesso fraintendimento rilevabile nell'*Artemidoro* di Kuffner.

Aver promosso il solo frammento "lungo" già noto al ruolo e al rango di *inizio* del periplo ha comportato anche qualche altra conseguenza. Primo. Aver reso la col. IV inizio della trattazione sulla Spagna costituisce una ulteriore conferma della natura puramente ostentativa dei brandelli della colonna III: una colonna di fatto inesistente (a meno di non immaginare che lì trovasse posto un "lessichetto" geografico delle cui voci sopravvissero solo i mozziconi iniziali...), e che *non poteva* nascere visto che la col. IV incomincia con *l'inizio* del periplo, mentre, per parte sua, la col. II aveva già dato tutto il possibile nell'amplificato tautologicamente unico pensierino che la conclude.

C'è poi un'altra conseguenza. Aver assunto quale inizio del periplo quel frammento (il 21), incentrato essenzialmente sulla divisione in province della parte di Spagna controllata dai Romani, ha obbligato il falsario ad una contorsione in più: le notizie essenziali, e *primarie*, sul profilo e i confini della Spagna si trovano, così, posposte rispetto a quelle sulla divisione in due province della parte di Spagna controllata dai Romani.

Anche questo inconveniente, che risalta ancora di più se si raffronta la Spagna del papiro con quelle (tra loro conformi strutturalmente) di Strabone, Plinio, Mela, Tolomeo, Marciano etc., è, a ben riflettere, un altro effetto della pratica del "frammento sano", intrecciata con l'altra pratica di questo falsario consistente nell'utilizzare porzioni di testi già esistenti. Il fr. 21 è stato ripulito, reso autosufficiente e collocato in apertura di periplo: dopo di che gli altri brani prelevati presso altri autori (i Pirenei da Marciano, altre frasi a carattere riepilogativo da Tolomeo) sono stati collocati a seguire, determinando così un vero guazzabuglio. Accade infatti che, nella colonna IV + V (1-16), il lettore trova *prima* le notizie sulla suddivisione politica della Spagna occupata dai Romani, *poi* la descrizione dei Pirenei, *poi* la descrizione delle coste per poi tornare indietro a ridescrivere il profilo della Spagna. Come non vedere che un inconveniente del genere è un effetto quasi obbligato del manovrare materiali già dati?

4. *La seconda parte della colonna V*

Riesce anch'essa ad essere "completa" (nell'ottica appunto del *frammento sano*). Ciò è chiaro dal modo in cui è preannunciata e conclusa la descrizione delle "distanze": il preannuncio è «Daremo le distanze *in epitome*», la conclusione è «*il quarto lato non l'ha visto nessuno*». (Non s'è accorto, il falsario, che da Strabone, III, 2, 11, sappiamo che invece Artemidoro di quel lato parlava). Il proposito di offrire un prodotto completo è confermato dalla trovata di dare *le distanze* «*in epitome*». Trovata che rasenta l'assurdo dal momento che non solo è di per sé insensato dare le distanze «in epitome» ma – quel che è più – le distanze qui sono invece elencate (per Betica e Lusitania) in modo più che analitico, fino a registrare quelle minime, di appena pochi stadi. Il fatto è che, con tale preannuncio, il falsario intende dire che sta fornendo, di Artemidoro, per l'appunto l'epitome: o che ritenesse Artemidoro stesso autore dell'epitome o che intendesse ri-creare quella, ritenuta in gran parte perduta, di Marciano. [Su ciò vedi più oltre capitolo XVI, § 7].

Il falsario non ha avuto esitazioni nel creare un "frammento sano". Non si è reso conto che testi completi o quasi, nel mondo delle scoperte di papiri, sono la rara e mirabile eccezione, non la norma. Ma al tempo suo non si disponeva delle migliaia di papiri che noi oggi conosciamo. I papiri letterari noti erano ben pochi, e perciò la situazione era tale da indurre in questo errore di prospettiva. Giusto alla metà del secolo, erano sbucati fuori i grandi e quasi completi rotoli di Iperide. Per cui "trovare" un altro bel rotolo quasi "completo" era, in quegli anni, per un falsario, una tentazione molto forte. E Simonidis non era uomo portato a resistere a questo genere di tentazioni.

XIII
Il mito del rotolone

1. Una delle affermazioni più false finora formulate nel corso della discussione intorno allo pseudo-Artemidoro è che si tratti di «un rotolo lungo all'incirca 3 metri, fabbricato nel I sec. d.C. perfettamente integro» (Gallazzi-Kramer [d'ora in poi GK], «Archiv für Papyrusforschung» [d'ora in poi «APF»] 56.2, 2010, p. 232). Una smentita immediata viene *prima facie* dall'attenta visione diretta dell'oggetto: un vero vestito di Arlecchino per quanto attiene al caleidoscopio di pezzi e pezzetti di varia tonalità cromatica di cui è composto, variamente incollati e talora rabberciati con disinvolte sovrapposizioni di lembi e una spericolata sarabanda di fibre che solo ad un ottimista incallito possono suggerire l'immagine del rotolo «perfettamente integro». (A tacer della lunghezza dilatata di oltre mezzo metro con la buona volontà: e ormai sappiamo dove può condurre l'ottimismo della volontà).

Una ulteriore smentita viene dal diverso, anzi diversissimo, risultato dell'"effetto tampone" (o "effetto timbro", o "Spiegelschrift" che dir si voglia). Ogni parte del composito oggetto ha prodotto effetti diversi, o addirittura non ne ha prodotto nessuno, come nel caso della "mappa": la quale, diversamente dalla colonna sua vicina, la IV, non ha prodotto alcun "effetto tampone". Peraltro c'è poco da giocare a rimpiattino coi dati di fatto. Basti osservare quanto segue. Poiché la misteriosa "Spiegelschrift" è perfettamente in asse (quando c'è) con le colonne di scrittura, è evidente che il misterioso effetto tampone dovrebb'essersi prodotto quando il rotolo era avvolto e "sano", non ancora maciullato nell'immaginaria maschera o nell'immaginario *Konvolut*. *Ergo* tutto ciò che si trovava su di esso (nell'ipotesi che davvero *ab origine* fosse un rotolo unitario) avrebbe dovuto produrre effetti "chimici" analoghi. Il fatto che invece ciò non sia accaduto dimostra che quei pezzi non convissero mai in un medesimo unitario rotolo «lungo oltre 3 metri» e «perfettamente integro», che infatti non è mai esistito.

Il dato di fatto che comprova la disparata provenienza dei pezzi, che qualcuno ha voluto fossero creduti appartenere ad un unico rotolo, è dunque il diverso e ben differenziato esito del fenomeno «impressione sul *verso*». Le impronte della scrittura – lo ripetiamo per maggiore chiarezza – sono rigorosamente "in asse" rispetto alla scrittura del *recto*. Ciò può spiegarsi solo nell'ipotesi di un rotolo *integro* e chiuso sottoposto ad un fattore esterno (tuttora sconosciuto) che determina quell'"effetto timbro". Ma se gli altri elementi del *recto* (teste, mani, piedi, mappa) non hanno prodotto effetti analoghi, bensì al più qualche effetto sporadico, e nel caso della mappa praticamente *nessun effetto* (eppure almeno la mappa dovrebbe essere "nata" insieme con la scrittura!), se ne deduce che i pezzi i quali non hanno prodotto il così regolare "effetto timbro" che si riscontra nella scrittura *non stavano*, dentro il rotolo, *insieme ai pezzi contenenti la scrittura*. Un rotolo non può essere UNO mentre i suoi pezzi producono effetti DIFFERENZIATI! Uno e trino? Sembra davvero un po' troppo. Dunque si dimostra che il «rotolo» *non fu* mai tale: *quel rotolo di oltre 3 metri perfettamente integro non è mai esistito*, se non nella fantasia e nell'intendimento di chi, ad un certo momento, ha voluto suggerire[3] che il rotolo fosse un unico mirabolante pezzo dal contenuto vario (e perciò particolarmente prezioso).

2. A ben vedere, un colpo mortale alle loro precedenti, varie e contraddittorie, "visioni", GK lo hanno dato nella prolissa «invectiva in haereticos omnes» contenuta in appendice al volume *Intorno al Papiro di Artemidoro* (= LED/2), 2009 (pp. 169-242). Come ben sappiamo, in tali pagine si annidano veri e propri gioielli come ad esempio la sparizione e riapparizione del χ al rigo 30 della colonna quinta, che ci indusse mesi or sono ad evocare l'aristofaneo «servo di Euripide».[4] Ma c'è ben altro, che ha a che fare con l'asserita unità del rotolo (pseudo-Artemidoro più tutto il noto «ben di dio» carto-iconografico): mentre a p. 214 viene ancora una volta evocato il fantasma del «rotolo di circa 3 metri», ventidue pagine prima (pp. 191-192) veniva squadernato

---

[3] "Spalmando" disegni sul *verso*.
[4] «QS» 72, 2010, pp. 5-9.

tutt'altro scenario, ogni volta accompagnato dal *refrain* che vorrebbe essere polemico-didattico («chi ha esperienza di papiri, chi ha avuto tra mano un paio di centinaia di papiri, chi ha visitato i negozi dei mercanti cairoti di antichità, chi ha visitato le gallerie di commercianti europei o americani» etc.) e risulta invece un divertente *boomerang*.

Cosa avrei dunque dovuto imparare visitando la Galleria Simonian ad Amburgo o i mercanti cairoti («gli scavi al Katarakt-Hotel» diceva Evaristo Breccia)? Avrei constatato – mi si dice con saccenteria – che i frammenti di papiro si trovano «frammisti tra portafogli di cartone sottile, carta velina, carta da imballaggio e persino giornali», «tutti contenitori già maneggiati da molte mani» (p. 192). La divertente paternale è, come al solito, una «zappa sui piedi». Infatti la ragione per cui mi viene destinato questo vivido quadretto del come si presentano i papiri quando li si va a comprare da valentuomini alla Simonian è di dimostrarmi che un pezzo dello pseudo-Artemidoro poteva ben essersi perso (e riapparire, miracolosamente, nel fotomontaggio detto «*Konvolut*»). Ma se così stanno le cose, se davvero quel brillante pezzetto «miracolato» [col. II, 23-28] richiamato alla vita dalla foto del *Konvolut* s'era perso perché l'«Artemidoro» aveva giaciuto in qualche negozio infilato tra «Mappen aus dünner Pappe» o addirittura tra fogli di giornale, come poteva infilarsi poi in una maschera/pettorale/tappo di recipiente (a piacer vostro)? *Quando* il fatato pezzetto aveva approfittato della distrazione del vigile venditore o del sedulo acquirente per giocare questo scherzo da prete? Fuoriuscire dalle «Mappen aus Pappe» e andarsi a imbottigliare nella famigerata maschera piangente inchiostro. Le storielle bisogna saperle inventare.

Oltre tutto nel febbraio 2006, quando fu stampato il sontuoso catalogo *Tre vite* che dava per già fatta (pp. 15 e 91) l'edizione (che invece, dopo varie traversie, uscì, trafelata, nel marzo 2008) quel pezzetto "miracolato" (richiamato alla vita nel fotomontaggio-*Konvolut*) non esisteva ancora: *e infatti la traduzione della colonna* II (p. 156) *si arrestava proprio prima di tale frammento*, rimasto celebre per la sua comicità legata all'immagine – di cui s'è detto al *principio* di questo libretto – della "tempesta sotto un cranio".

XIV
Le «tavole» del *recto*

1. Che le immagini contenute nelle moderne tavole del nostro inserto illustrato siano in rapporto con la "tavola anatomica" e con la "tavola delle teste" del falso Artemidoro, sembra evidente. Ne discende che lo pseudo-Artemidoro è un prodotto moderno. Chi disegnò quegli arti in quella posizione e con quegli accessori (mano che regge un bastone, mano che fuoriesce da una manica, mano le cui dita si infilano tra le pagine di un libro, arti inferiori di profilo e frontali etc.) aveva sott'occhio codesti manuali sette-ottocenteschi di disegno "accademico", manuali di avviamento al disegno, corredati di tavole del tutto analoghe a quelle dell'*Encyclopédie*, divenute ben presto modello ineludibile. Abbiamo trascelto esempi dal *Manuale del pittore autodidatta* redatto da Charles-Antoine Jombert, celebre «libraire du Roy pour l'Artillerie et le Génie» e personaggio di spicco nella cultura accademica francese (1740), da quello di Giovanni Volpato e Raffaello Morghen (*Principi del disegno tratti dalle più eccellenti statue antiche*, Roma 1786, rist. 1830) e dal *Lumen Picturae* attribuito a Lairesse, edito dal De Wit già negli ultimi anni del XVII secolo. E ci sarebbe molto altro ancora.

Che Costantino Simonidis abbia potuto avere sott'occhio manuali di questo genere, essendo egli stesso cultore di analoghi manuali quale quello di Dionigi di Furna, è del tutto ovvio. Non ha senso dire senza portare alcuna prova: era una tradizione antica. Il fatto decisivo è che nelle tavole accademiche e in quella dell'"Artemidoro" ci siano *gli stessi* ingredienti *tutti insieme* e *solo quelli*, più o meno *nello stesso ordine* e nella stessa postura! Tipicamente moderno è del resto il fatto stesso di dar vita ad una "tavola".

È futile formulare l'obiezione generica: anche in antico ci saranno stati manuali del genere, analogamente corredati di tavole. Quand'anche ne conoscessimo positivamente l'esistenza (il che non accade), resta il fatto che è *impossibile* che tali presunti antichi trattati per autodidatti non solo presentassero tavole anatomiche così somiglianti a quelle moderne (XVII-XVIII sec.), ma che tali tavole presentassero *gli stessi* dettagli, nella stessa *disposizione* che nelle tavole dei manuali del XVII e XVIII secolo: stessi dettagli, "tagliati" allo stesso modo, e disegnati nelle stesse posture e per giunta *nella stessa collocazione di ciascun dettaglio* nell'ambito di ciascuna tavola. Come credere che i vari Jombert, Volpato, Lairesse (Bouchardon etc.) abbiano voluto ogni volta inserire nella tavola delle mani e dei piedi *insieme* e, tra le mani, una recante un'asta (raffigurata come frammento) senza aver mai visto – ovviamente – *P.Artemid.*, e che poi *P.Artemid.* presenti la medesima composizione ivi compresa – tra l'altro – la mano che regge un *frammento* di asta? La conseguenza è che: a)

179

P.Artemid. imita i manuali moderni; b) quelle di *P.Artemid. vogliono essere delle tavole*, non sono riempitivi occasionali. «Si può imitare, non inventare di nuovo...».

Il raffronto che abbiamo istituito dimostra, dunque, in modo inconfutabile che gli arti umani (mani e piedi) e le teste, *raggruppati separatamente* (gli arti da una parte, le teste dall'altra) esattamente come accade nelle tavole dei moderni manuali di disegno, *sono impaginati per l'appunto come «tavole»*. Con il divertente supplementare dettaglio che la successione *mani/piedi + teste* (o viceversa) è la medesima tanto nei manuali moderni che nello pseudo-Artemidoro. Questo è il punto centrale: i disegni anatomici e le teste dello pseudo-Artemidoro sono *impaginati come tavole*.

Lo diremo con le parole di Anna Ottani: «Risultano sconcertanti sia l'impaginazione per frammenti disegnati entro uno spazio libero secondo tipologie che si codificano molto più tardi (come prova il confronto con le tavole settecentesche dell'*Encyclopédie*), sia l'incongruità di alcuni gesti, difficilmente riconducibili alla gestualità classica».[5]

Gestualità certamente non classica, ma inerente piuttosto all'iconografia dei santi, è la manina reggente un frammento d'asta; tale mano è avviluppata da una fluente manica che parte al di sotto di un improbabile "polsino" agevolmente riconoscibile come tronco di cono (tav. 21b). Orbene, quale mai antica Atena intabarrata potrebbe invocarsi a raffronto? Atena, quan-

---

[5] A. Ottani Cavina, *Un papiro di pieno Ottocento*, cit.

tunque combattiva e clipeata, ha le braccia scoperte: forse proprio perché combattiva! Se poi la manina è da intendersi come virile, a maggior ragione la vaporosa manica è fuor di luogo. *Ergo*, nonostante le problematiche contorsioni che si leggono nell'ed. LED (p. 505), quella figura appartiene al mondo dei santi medievali (volendo, anche rinascimentali). In un papiro di I secolo stona irreparabilmente.

La volta che s'è capito tutto ciò, ne discende che siamo di fronte non già ad un coacervo di esercizi fatti su di un rotolo di risulta già pluri-utilizzato (in omaggio al solo criterio di riempire i residui vuoti), ma di fronte a qualcosa che risponde ad un'*organica disposizione dei materiali*: appunto a delle *tavole*, modellate su quelle che numerosi manuali moderni presentano e con la medesima disposizione della materia. *Non si infilano tavole compiutamente tali nei vuoti casualmente disponibili* di un supporto scrittorio già pluri-utilizzato.

2. Simonidis aveva buona esperienza di manuali di pittura «orientali» (tardo-bizantini, o, meglio, post-bizantini) quale quello di Dionigi di Furna, da lui riscritto e illustrato. E aveva, inoltre, esperienza diretta di cultori occidentali di tali manuali, quali Didron e Durand, nonché esperienza diretta di questo genere di insegnamento tecnico, come si ricava da quanto scrive nell'autobiografia (1854) presentata come opera dell'inesistente Callinico Ieromonaco: essere egli stato allievo «del francese Vitalis, allievo a sua volta del francese David».

Mentre disegna le tavole che troviamo nella seconda metà del *recto* dello pseudo-Artemidoro, Simonidis ha in mente siffatti modelli. Ma c'è di più. Egli ha teorizzato, nella prefazione ai fac-simili del *Matteo* (Londra, 1861) che la pittura (sacra) tardo-bizantina di cui Dionigi di Furna era stato un codificatore aveva il suo modello e la sua matrice nella pittura ellenistica.[6] Per un verso asseriva tale nesso sul piano teorico e per l'altro lo metteva in pratica creando quelle tavole pseudo-antiche su papiro.

Stabiliva così anche un nesso tra la *propria attività* di pittore "sacro" – manifestatasi nel rifacimento con illustrazioni del Dionigi di Furna, nonché nelle illustrazioni della *Symaïs*, delle *Theologikai Graphai Tessares* e del *Gospel of St. Matthew* – e la presunta matrice ellenistica di tale pittura. A suggello, si può dire, di tale continuità Simonidis ha riutilizzato il ritratto di Panselinos, da lui posto al termine di uno dei manoscritti di suo pugno del trattato di Dionigi ora conservato in USA (Collegeville, St. John's University, Hill Museum and Ms. Library, nr. 13871) per disegnare una delle teste del cosiddetto Artemidoro, quella collocata sull'estrema destra del rotolo. Un punto debole di tale pratica artistica di Simonidis è nella totale omissione di figure nude, di *corpi*: una pittura "ellenistica" (quale vuol essere quella che troviamo nell'"Artemidoro") limitata unicamente a teste, barbe, arti e mani avvolte da voluminose maniche di tuniche è ben strana.[7]

---

[6] *Fac-similes of certain portions of the Gospel of St. Matthew*, London 1861, p. 32.

[7] E sarebbe assurdo nella toreutica antica.

Quali sviluppi avrebbe avuto (o ha avuto?) l'iniziativa di creare quelle tavole? Erano parte di un progettato περὶ ζωγραφίας? o di un suo testo del genere andato perso? Ha davvero pensato di coniare un manuale «antico» analogo al suo Dionigi di Furna?

3. Un punto fermo è che le due tavole (arti + teste) figuranti nella seconda parte del cosiddetto *P.Artemid.* appartengono *ad altra opera*, ad un altro progetto rispetto al testo geografico.

Ne discendono alcune conseguenze:

a) il carattere non unitario di quell'insieme di pezzi variamente assemblati che per comodità continuiamo a chiamare *P.Artemid.*;

b) la questione: chi ha "lavorato" il *verso* di *P.Artemid.* al fine di dare l'impressione o l'illusione dell'unità del rotolo?

XV
Il *verso*: un cumulo di stranezze

1. In realtà tutto il *verso* di *P.Artemid.* appare connotato da fenomeni anomali.

Il primo di tali fenomeni lo abbiamo ricordato al principio: è l'«effetto timbro» radicalmente divaricato da soggetto a soggetto.

Il secondo è la singolare combinazione *papero* + *dita* (tav. 32) che si sottrae ad ogni plausibile ipotesi di spiegazione. Le dita costituirebbero la traccia impressa di una mano della quale sul *recto* è rimasto solo il palmo perché uno strappo ha tolto via le dita. Orbene, mentre le dita vivono sotto forma di "timbro" sul *verso*, stranamente il palmo della mano non ha lasciato la benché minima traccia; e al posto del palmo di tale mano – che sarebbe legittimo attendersi di ritrovare impresso sul *verso*, data oltre tutto l'estrema nitidezza dell'impressione delle dita – c'è un bel papero dal collo svettante (V8 secondo la segnaletica adottata in ed. LED). Questo fenomeno è incongruo, quale che sia la teoria adottata per "spiegare" la scrittura impressa (e gli altri "effetti timbro"). L'unica spiegazione è che qualcuno ha disegnato quelle dita al fine di dare l'impressione che almeno qualcuno dei disegni del *recto* aveva lasciato traccia sul *verso*, al pari della scrittura. Abilmente, però, chi ha fatto l'operazione ha scelto (meglio sarebbe dire: ha creato) due dettagli non più presenti sul *recto*: le dita perdute di cui s'è appena detto nonché l'affusolato dito erratico (R4, p. 515 ed. LED) che si vuole appartenga ad un improbabile polso figurante sul *recto* del quale comunque resta unicamente una specie di tronco di cono. Abile trovata, visto che collocare queste "impronte" in posizione giusta (cioè in asse con il disegno di partenza e alla distanza esatta, in conformità con le impronte della scrittura) sarebbe stato fatica quasi sovrumana: superiore persino alle capacità di uno scaltro venditore.

Un terzo fenomeno che rende decisamente anomalo il *verso* è la serie di errori linguistici nelle didascalie (in greco) nonché la stessa adozione di una scrittura priva di qualunque riscontro.[8] In questo dissennato guazzabuglio di improbabili uccelli, pesci e quadrupedi, spiccano didascalie frutto di inesperienza quali τίγρος (che ovviamente è un francesismo, *le tigre*), ovvero l'ormai memorabile αἰγίλωψ (che è un'erba) inflitto come didascalia ad un volatile che invece al più sarà stato un αἰγίποψ (i due termini ricorrono in sequenza nell'*Etymologicum Magnum*).[9] Non meno inquietanti sono le didascalie sballate. Esempio insigne l'ἀστροκύων collocato accanto alla figura di un cane (o canide come

---

[8] Si potrebbe definire "atemporale".
[9] Ed. Gaisford, Oxford 1848, p. 28. Su tutto ciò cfr. il fondamentale saggio di S. Micunco, «QS» 64, 2006, p. 16. Cfr. *supra*, tavola 28a-b.

preferiscono dire gli editori LED), laddove si tratta della stella Sirio (un astro rientrante nella costellazione *Canis Maior*). Oltre tutto è un *hapax* presente unicamente in Horapollo, come del resto *hapax* è αἰγίποψ, nonché πανθηροκροκόδειλος. Comicissima questa serie di *hapax* nel (presunto) repertorio di animali messo su per affrescar ville! Ma la serie delle goffe sviste continua. Qui ne citiamo solo alcune: dall'inverosimile κυκλίσκος rifilato ad un pesce perfettamente sferico, all'inverosimile λυκοθόας rifilato ad un'agile bestia dall'aspetto canino. Osservò opportunamente Micunco che la parola è attestata unicamente nel IX secolo d.C. presso Cherobosco e Sofronio, «in opere di carattere grammaticale che non hanno interesse nemmeno a precisare se si tratti di un animale».

Insomma il *verso* del papiro è nel suo insieme del tutto sospetto e incoerente: insostenibile.

2. In realtà è il fenomeno stesso dell'«impressione» sul *verso* che, di per sé, crea problema. Un fenomeno del genere, e per giunta di tali proporzioni, è un *unicum*. (E sappiamo che gli ormai sporadici assertori della autenticità di *P.Artemid.* sono abituati a difendere la spericolata tesi secondo cui in *P.Artemid.* si concentrerebbe una insuperata sindrome di *unica*: un primato universale in questo senso). Il minuscolo frammento tucidideo *P.Yale* 19, addotto a conforto, dove si intravede qualcosa del genere, è alquanto sospetto, a giudicare – se non altro – dalla scrittura (cfr. *supra*, tavola 31a-b). Viene anche invocato il caso del Posidippo, ma del

tutto a torto, visto che lì il fenomeno (non più che qualche traccia sporadica) non ha nulla a che fare con la massiccia e regolare presenza di scrittura impressa che si riscontra sul *verso* di *P.Artemid*.

Di questo *unicum* gli editori (= GK) hanno tentato, nel tempo, diverse spiegazioni tra loro inconciliabili. In «APF» 1998 optarono (p. 192) per l'ipotesi del copista frenetico che riarrotola continuamente e tempestivamente il suo rotolo via via che scrive. In concreto la scena avrebbe dovuto essere all'incirca questa: ad ogni colonna che scriveva il copista, in preda ad una sorta di demone, arrotolava subito il suo rotolo, poi lo srotolava e scriveva una nuova colonna, e così via di seguito. Se così non fosse, e il copista avesse riavvolto il suo rotolo solo dopo aver terminato la colonna V, non si capirebbe come mai la prima colonna fosse ancora fresca di inchiostro (tanto da produrre, al momento del riavvolgimento, l'effetto timbro) quando ormai il copista ne aveva scritte altre quattro, e di una quarantina di righi ciascuna!

Ma siamo portati ad escludere che sia mai esistito, in Egitto o altrove, un copista così demente. Oltre tutto, essendoci tracce (modeste invero!) di effetto-timbro anche per qualche disegno, bisognerebbe pensare che – la scrittura e i disegni risalendo (secondo GK) ad epoche molto lontane l'una dall'altra – anche il disegnatore, che pur operava mezzo secolo dopo, fosse preso dalla stessa mania di riarrotolare subito appena tracciato ogni singolo disegno. Una vera malattia contagiosa, e per giunta ritornante nel tempo: colpa, evidentemente, del rotolo "fatato". Ci sarebbe poi da chiedersi come mai "artisti" venuti tanto tempo dopo a contatto col rotolo fatato (e ormai macchiato di scrittura impressa sul *verso*) si siano messi a disegnare su una superficie così irreparabilmente sporca. Nel mentre che lanciavano questa insensata ipotesi del copista invasato di riarrotolamento, GK rinviavano all'articolo di Babcock e Stephen (apparso in «APF» 1997) sul *P.Yale* 19, dove invece la spiegazione addotta dai due studiosi, a proposito del frammentino tucidideo, era «l'umidità». GK sanno benissimo che l'umidità produce tutt'altro effetto (un alone che col tempo può diventare una indistinta macchia nera) e perciò, è da pensare, pur pubblicando l'articolo di Babcock e Stephen nell'annata precedente e pur riferendosi ad esso come ad àncora di salvezza, avevano preferito optare per «l'arrotolamento affrettato» (o, se si preferisce, «invasato») per spiegare l'inverosimile fenomeno.

Ma anche questa spiegazione non stava in piedi. Di qui l'escogitazione, a suo modo sublime, della formula adottata nel *Tre vite* (febbraio 2006): «il rotolo *per qualche tempo* [*sic*] venne a trovarsi in un ambiente umido, ovvero fu accidentalmente bagnato *al punto che* [*sic*] sia l'inchiostro del testo che quello dei disegni persero coesione e lasciarono impronte speculari *su tutta la superficie* [*sic*] del papiro» (p. 17, col. II). Mirabile quell'«al punto che»: e qual era il punto giusto? Mirabile quel «per qualche tempo»: cioè quanto? un'ora? una settimana? un anno? E come si fa a misurare il tempo necessario di esposizione? E chi ha

mai documentato gli effetti di tale *umido temporaneo*?
E chi provvide a portar via il rotolo al punto giusto?
«Accidentalmente bagnato al punto che...»: l'idea sottintesa è che l'umido troppo prolungato provoca semplicemente una grande macchia nera (se si tratta di inchiostri vegetali!), donde la disperata trovata del «per qualche tempo». Niente male, comunque, quanto a disprezzo della verità, l'invenzione gettata lì *en passant* secondo cui anche le impronte dei disegni si troverebbero «su tutta la superficie del papiro»: il che è seccamente smentito dal *dato di fatto* che le "impressioni" dovute ai disegni del *recto* sono minuscole e più che sporadiche, ovvero apparenti (come è risultato da ultimo da una analisi molto sofisticata eseguita direttamente sul papiro); e non si può proprio dire che coprano «tutta la superficie».

Anche la teoria dell'umido va dunque abbandonata. Resta però da spiegare il fenomeno. A cos'altro pensare se non ad un "incidente di percorso" prodottosi mentre il moderno confezionatore del testo letterario metteva in essere il suo prodotto con una "tecnica" in grado di determinare appunto tale incidente? È stata ipotizzata la litografia,[10] della quale è bene ricordare Simonidis era molto esperto,[11] ed i cui attrezzi sono tuttora al Museo di Liverpool nella sezione dove sono conservati

---

[10] Cfr. L. Vigna, *Le risolutive analisi chimico-fisiche del cosiddetto «Artemidoro»*, «QS» 68, 2008, pp. 294-317.

[11] Cfr. il lungo saggio di Mordtmann, *Des Simonides litterarische Schwindeleien* apparso nel 1853 sulla «Allgemeine Zeitung» di Augsburg. Cfr. *supra*, pp. 106-113 (in trad. italiana).

molti papiri falsi di Simonidis. «È uno dei principi elementari della ragion pratica – diceva Holmes – che quando l'impossibile sia stato scartato, ciò che resta, per quanto improbabile, deve contenere la verità».

3. Una domanda che è necessario porsi è la seguente: l'incidente della «scrittura impressa» che ha *sporcato* irreparabilmente il *verso* del papiro era già avvenuto quando sul *verso* sono stati disegnati gli animali? (Ragioniamo dando per buona – per un momento – l'ipotesi che si tratti di un prodotto antico e di un unico rotolo).

a) Se la causa di tale incidente fu l'arrotolamento frettoloso («APF» 1998), la risposta è ovviamente NO: in tal caso infatti l'incidente sarebbe avvenuto quando l'inchiostro era ancora *fresco*! Dunque subito: dunque chi si sarebbe messo a disegnare su di un papiro già sporco?

b) Se la causa dell'incidente fu, invece, l'umidità elargita *pro tempore* (come successivamente prospettato, *Tre Vite*, p. 17), non è più necessario pensare ad un incidente avvenuto molto presto, ma si dovrà comunque ammettere, anche in questo caso, che i disegni animaleschi preesistettero all'incidente (per la stessa ragione detta sopra). Ma allora come mai la "cessione di inchiostro" da parte del testo letterario è stata così sistematica, mentre i disegni hanno determinato solo sporadiche «impressioni» e la mappa per nulla? Ciò diventa spiegabile solo se si ammette che "mappa", testo geografico e "tavole di disegno" erano rotoli (o meglio spezzoni di rotolo) separati. Dopo di che (dobbiamo arguire), un moderno (più moderno di Simonidis?) ha avuto l'idea ingegnosa di connettere il tutto "spalmando" sull'intero *verso* figure fumettistiche e talora disneyane (si veda ad esempio il cane detto chi sa perché κάστωρ) di animali. Ciò, forse, al fine di "blindare" la pretesa che il tutto provenga da un unico, prodigioso, eccezionale prodotto *di inestimabile valore venale*.

«Artifex artifici additus» avrebbe chiosato Benedetto Croce.

4. Poiché non si trova (qualunque "sforzo" si faccia sui dati disponibili) *una spiegazione coerente per tutti i fenomeni che dovrebbero di necessità avere analoga origine*, è chiaro che c'è di mezzo un trucco.

In particolare: se le impronte lasciate sul *verso* dagli arti sono (a) sporadiche[12] e (b) errate (almeno nel caso *dita + papero!*), allora è evidente che esse sono state *artificiosamente aggiunte*.

Lo stesso dicasi per le non meno sporadiche tracce o "impronte" lasciate dagli animali del *verso* sulla superficie del *recto*. Nulla di comparabile alla regolarità e pervasività delle impronte lasciate dalla scrittura. Eppure, l'incidente dell'«umido» (presunta causa del fenomeno impronte) era avvenuto quando *tutti e tre i generi di intervento scritto* erano stati realizzati (scrittura, arti/teste, animali): altrimenti non ci sarebbero effetti-impronta di tutti e tre i tipi. Ed è avvenuto in con-

---

[12] Diversamente da quelle lasciate dalla scrittura.

dizioni di rotolo integro e avvolto: altrimenti non avremmo le impronte della scrittura sempre rigorosamente *in asse*. (E ovviamente è escluso che l'incidente sia avvenuto quando c'era solo la scrittura letteraria e non gli altri due "generi" [arti-animali] perché in tal caso dovremmo avere impronte solo della scrittura).

Dunque l'inverosimile è che l'incidente sia avvenuto nelle condizioni ora dette (e quando tutti e tre i generi di scritto erano sul papiro) *e nondimeno l'effetto-impronta si è realizzato in modo totalmente difforme*: regolare e pervasivo per la scrittura, sporadico per i disegni di entrambe le facce del papiro.

5. Come dicemmo altra fiata,[13] è la cosiddetta "scrittura impressa" il macroscopico tallone d'Achille dello pseudo-Artemidoro. Notammo infatti che le impronte si susseguivano a distanze incoerenti: il che rendeva comunque inaccettabile la ricostruzione del "rotolone" offerta reiteratamente da GK nel decennio 1998-2008. Nello stesso torno di tempo, due ottimi studiosi italiani hanno dimostrato, indipendentemente l'uno dall'altro, che le impronte, poiché non è ammissibile che siano incoerenti, impongono che si posponga il pezzo denominato A (assunto da GK come parte iniziale del "rotolone") in coda, all'estremo opposto:[14] beninteso, se si assume per buono

---

[13] «QS» 69, 2009, pp. 254-264.
[14] G. Bastianini, *Sull'avvolgimento del rotolo di Artemidoro*, «APF» 55, 2009, pp. 215-221; G.B. D'Alessio, *On the «Artemidorus» Papyrus*, «ZPE» 171, pp. 27-43.

il presupposto che si tratti di un unico rotolo, che cioè i vari pezzi appartengano ad un unico rotolo di partenza e che tale unico rotolo fosse ancora in vita mentre si produceva l'incidente della scrittura impressa. In verità, anche adottando l'ipotesi di traslocazione prospettata da Bastianini e D'Alessio si rende comunque necessario "sloggiare" un pezzo collocato all'estrema destra del *recto*:[15] altrimenti i calcoli delle distanze non tornano, neanche a traslocazione avvenuta.

L'imbarazzante situazione che si determina è che, se si assume il presupposto del rotolo unitario, lo spostamento è obbligato, giacché le impronte debbono avere una progressione regolare; e nondimeno esso non è risolutivo ed esige a sua volta un altro spostamento (che a sua volta crea la difficoltà di trovare comunque un luogo di accoglienza per il testone riccioluto).[16] Ma – inconveniente ancora più grave – lo spostamento produce una successione dei pezzi dell'immaginato rotolone del tutto assurda dal punto di vista del contenuto: mappa + coll. IV-V + piedi, mani, teste + coll. I-II. Nessuna ancorché sbrigliata fantasia di possibili "vite" multiple dell'infelice papiro potrebbe giustificare un tale guazzabuglio. *Ergo* è la premessa del rotolo unitario che viene meno: la scrittura impressa non quadra né tenendosi fermi all'ordine A + B + C proclamato da GK nel decennio 1998-2008, né spostando A dopo C. Peraltro la scrittura im-

---

[15] Per l'esattezza il testone riccioluto che Simonidis aveva già adottato come ritratto dell'immaginario Panselinos.

[16] Visto che sul suo *verso* è puntualmente spalmato un piccolo animale, il λυκοθόας.

pressa non può altalenare capricciosamente. Dunque è quel presupposto che cade: viene mandato in soffitta proprio dalla "scrittura impressa".

6. Ma non possiamo abbandonare l'affascinante tema della scrittura impressa e dei suoi effetti devastanti senza ricordare l'ennesima incoerenza logica cui essa dà luogo. Nella foga argomentativa che caratterizza un po' tutta l'ed. LED (a partire dalle intemperanze verbali che gli autori si concedono nelle parti più discorsive) GK non hanno resistito alla tentazione di far cenno addirittura alla presenza di scrittura impressa anche nei fantomatici documenti ricompresi (*dixit Simonian, ceteri crediderunt*) dentro la ex-maschera (poi oggetto sconosciuto, poi tappo di recipiente). È divertente l'espressione adoperata: «non sappiamo quali indicazioni si possano trarre dalle eventuali impronte su di essi» (p. 64). Ma come si fa ad immaginare che in un (presunto) *cartonnage* nel quale i vari papiri che lo compongono entrarono frammentati e variamente maciullati (*papier-mâché*, per l'appunto) si possa essere prodotta, al tempo stesso, una inevitabilmente casuale impronta dovuta a pezzi mescolati nel più vario disordine (i famosi 200 pezzi complessivi di cui s'è favoleggiato) ed una magnificamente regolare e assiale impronta «a specchio», quale quella del rotolo "artemidoreo"? Quest'ultima non può essersi prodotta che quando ancora il rotolo era bello, integro e avvolto, e non certo ridotto in pezzi. O il rotolo visse integro – e miracolato – pur trovandosi al centro di un agglomerato di "carta

macerata" e frantumata?[17] Oppure l'esposizione all'umido fu periodica? Dapprima fu esposto il rotolo ancora sano (ancorché già vissuto tre volte), e poi il *papier-mâché* nel suo insieme? O, addirittura, i documenti avevano anch'essi subìto il trattamento dell'umido temporaneo quand'erano ancora sani? Se ne dovrebbe arguire *che in quel papier-mâché* (maschera o tappo che fosse) erano degni di entrare solo papiri preliminarmente sottoposti al trattamento dell'umido temporaneo. *Quis credat?*

7. Se le *impronte sporadiche*, e come tali non spiegabili (per le ragioni appena dette), sono state *aggiunte*, allora è evidente che siamo di fronte ad una manipolazione che consistette nel «conflare» tavole + testo geografico: *il ricorso all'artificiosa aggiunta* di sporadiche impressioni di arti e animali *aveva appunto come fine quello di far credere che il rotolo fosse fin dall'origine unitario* (tavole + testo geografico).[18]

---

[17] Del carattere caotico e frantumato di un siffatto oggetto vorrebbe essere raffigurazione la falsa foto del *Konvolut*: in quelle condizioni come si potrebbe ottenere una "scrittura a specchio" così regolare?

[18] Se si è voluto dare l'idea del "grande rotolo", l'obiettivo era chiaramente di creare le condizioni per stornare il più possibile il sospetto che si trattasse di pezzi falsi.

XVI
I rotoli erano tre

1. Riepiloghiamo:

1) È caduta ed è stata abbandonata la ricostruzione *Tre vite*;

2) ciò rende *necessaria* una diversa spiegazione dei fenomeni;

3) le tavole anatomiche sono sicuramente *altra opera* rispetto al testo letterario e sicuramente *moderne* (ispirate a tavole moderne);

4) l'unità del tutto sarebbe garantita solo da quanto si osserva sul *verso*;

5) ma i fenomeni sul *verso* pullulano di incoerenze, contraddizioni, errori;

6) dunque il *verso* è sospetto e finalizzato a creare l'illusione di un grande e prodigioso prodotto;

7) *ergo P.Artemid.* va considerato alla luce della constatazione che si tratta di almeno tre oggetti (pezzi) tra loro ben distinti.

2. Che la teoria *Tre vite* – escogitata per "lanciare il prodotto" – sia defunta è chiaro da quando è stata messa in soffitta dai suoi stessi ideatori. Era stata dapprima difesa a spada tratta per fugare i dubbi.

In rapida successione ne sono stati liquidati, con le palinodie qui di seguito trascritte, i tre cardini:

a) «Resta da spiegare a quale scopo tanti animali siano stati disegnati tutti insieme» (Settis, *XXI secolo*, p. 28);

b) «anche la nostra prima congettura, che il disegno della carta[19] sia stato interrotto perché il copista si era accorto che in quel luogo doveva andare un'altra mappa è difficilmente accettabile [...] Sarebbe stato infatti possibile correggere l'errore tagliando il rotolo» (ivi, p. 77). Com'è noto tutta la storia delle *Tre vite* si poggiava per l'appunto sul presunto «errore di mappa» che si ipotizzava avesse innescato tutta la sceneggiata (respingimento del rotolo da parte del committente, lancio del rotolo alle ortiche, recupero del rotolo per un nuovo uso, cioè gli affreschi "animaleschi" in ville etc.). Viene meno il pilastro, crolla l'edificio.[20]

c) È uscita di scena anche la «maschera funeraria» dal cui sventramento si favoleggiava fosse fuoriuscito il papiro con il codazzo dei fantomatici documenti

---

[19] Intende la cosiddetta mappa.

[20] E ci sarebbero molti altri argomenti che portano ad accantonare quell'assurda storiella: (a) è molto difficile credere che per affrescare ville si facesse ricorso a modelli così confusi e approssimativi. I paralleli addotti (*Tre vite*, p. 286) sono di tutt'altro genere; (b) manca l'inquadratura di ciascuna figura (che è indispensabile per ingrandire il modello in modo proporzionale); (c) la "mappa" non è comunque una carta geografica, ma uno schizzo paesaggistico; (d) i presunti «cahiers» di esercizi dei «ragazzi di bottega» non potevano certo limitarsi a *così pochi* esercizi! (Per parlare di «cahiers d'artiste» bisognerebbe trovare decine e decine [forse centinaia] di disegni..., non cinque mani e cinque piedi: che infatti costituiscono – come è ormai chiaro – una «tavola»).

(200 pezzi!).[21] È subentrato, per un certo tempo, il «*Konvolut*» (rivelatosi presto un fotomontaggio, purtroppo).[22] Da ultimo si era favoleggiato di un «tappo di recipiente». Non possiamo, ovviamente, tener dietro a questi deliri. La sostanza è che è scomparsa anche una credibile "matrice" (che peraltro mai niun vide).

Come spiegare dunque questo "insieme", visto che la sua unità materiale è puro sogno e preso atto che la teoria che tentava di dare unità e un qualche senso a tale "insieme" è defunta?

Il dato di fatto è che ci si trova di fronte ad un "composto" fatto di numerosi pezzi, la cui unità sembrava garantita unicamente dalle tante immagini animalesche (le cui didascalie sono vergate con un unico tipo di scrittura quanto mai atemporale) disposte *lungo tutto il verso*.[23]

Sepolta la teoria delle *Tre vite*, sul tappeto resta un oggetto la cui conformazione è tutta da spiegare. Non ci si può sottrarre al compito di fornire una plausibile spiegazione della varia materia affastellata nel manufatto. Non ha senso rinunciare a spiegare: non esistono fenomeni *inspiegabili* bensì, al più, fenomeni che non sono stati ancora spiegati.

Ma è chiaro che, preso così com'è, il rotolo non appare spiegabile. Dunque la domanda da porsi è *se*

---

[21] Che il venditore, buontempone, garantì stessero tutti dentro la maschera…

[22] Cfr. ormai gli atti del convegno *Fotografia e falsificazione* (San Marino 2011).

[23] Ma non si può neanche escludere che una parte di quegli animali (quelli memorabili) di Artemidoro risalgano allo stesso Simonidis e gli altri siano stati aggiunti come "suture" per unificare tutti e tre i pezzi.

davvero si tratti di un unico rotolo; o se invece siano stati uniti (e la successiva domanda è: quando) *diversi* spezzoni di rotolo aventi *diverso* significato e *diversa* finalità. Punto di partenza ragionevole, che libera finalmente dall'ingrato compito di trovare una più o meno inverosimile spiegazione di un inverosimile oggetto. Non diverse vite, dunque, ma diversi rotoli, si potrebbe ormai dire. Molteplici ragioni conducono infatti a concludere – come s'è constatato – che le tavole da manuale di disegno, la cosiddetta «mappa» e il testo geografico appartengono a differenti creazioni, ovvero «opere». Inoltre, perlomeno parte di quanto si trova sul *verso* (scrittura "impressa" a parte, dovuta <forse> ad un incidente tecnico alquanto imbarazzante) può essere recente. Magari, chi entrò in possesso di questi rotoli di Simonidis, ha ritenuto di *épater* acquirenti e studiosi con un prodotto assolutamente fuori del comune, la cui "unità" doveva essere garantita dalla sequela di animali e dagli sporadici segnali sistemati qua e là fra *recto* e *verso* miranti a suggerire che l'insolito e non facilmente spiegabile fenomeno della "scrittura impressa" si estendeva anche agli altri elementi presenti nel mirabolante rotolo: rotolo reso "unitario" e – per la sua mirabolante complessità – "inattaccabile" (o almeno questo si sperava). [Ma su ciò cfr. *infra*, pp. 215-218].

Non dimentichiamo i termini essenziali della questione. (a) La complessità del prodotto (mai, forse, termine fu più appropriato) portava ad una spiegazione rocambolesca, e tale fu la teoria delle *Tre vite*. (b) Una volta sgretolatasi tale teoria, più che mai è ineludibile dar conto della genesi e struttura di un siffatto oggetto: non esistono oggetti *inspiegabili*, tranne che in «ufologia». (c) L'unica via alla comprensione dell'oggetto è la presa d'atto della diversità e originaria autonomia delle sue parti: diversità e autonoma origine di cui è indicatore fondamentale l'incoerenza con cui si manifesta l'"effetto timbro".

Né va dimenticato un particolare tecnico: gli inchiostri del *verso* non sono stati analizzati quasi per nulla, o forse per nulla affatto. Nel referto del laboratorio bresciano viene presentato come campione del *verso* un campione tratto dalla mappa (che invece si trova sul *recto*).[24] E quanto all'altra analisi, l'affermazione secondo cui sarebbe stata esposta ai "fasci ionici" (analisi IBA [PIXE e BS]) un'imprecisata «area del *verso*» (ed. LED, p. 75) è troppo vaga per avere un qualche valore probante. La sostanza è che si è evitato di sottoporre ad analisi il *verso* del *P.Artemid.*, cioè la sua parte maggiormente sospetta.[25]

3. Che la cosiddetta "mappa" sia uno schizzo senza capo né coda fu subito chiaro da molti elementi, messi in luce più volte da vari studiosi, nonché, involontariamente, da coloro che hanno proposto le più disparate interpretazioni di tale schizzo: esse spaziano dalla

[24] Cfr. ed. LED, p. 74 (tabella). Torneremo su questo punto in conclusione.
[25] Consentirà la Soprintendenza per i Beni culturali del Piemonte acché si proceda a nuovi e significativi prelievi? Altrimenti resta impedito l'accertamento più importante.

Betica alla foce del Rodano all'isola di Cipro capovolta etc. Uno sconcertante elemento di immediata evidenza è la totale assenza di toponimi (dunque modello Peutingeriana, ma senza correre il rischio di piazzare toponimi su di una carta geografica!). Nella foga di teorizzare le oggi dismesse «tre vite» GK elaborarono la teoria secondo cui il disegno della «mappa» era stato interrotto dal committente che s'era accorto dell'errore: con tutte le conseguenze a cascata che ben conosciamo. Tale scena, a pensarci bene, rientra a pieno titolo nel lato comico di questa storia: bisogna immaginare infatti che questo committente fosse non solo isterico e alquanto precipitoso (giustamente il Settis ha osservato [XXI *secolo*, p. 77]: «sarebbe stato possibile correggere l'errore tagliando il rotolo»), ma anche incombente sul povero disegnatore: solo standogli addosso *durante la lavorazione* poteva «bloccarlo» nel momento in cui il malcapitato, commesso il misfatto di sbagliare il disegno, non aveva ancora inserito i toponimi. Insomma una vera situazione "ai limiti".

Certo, il cosiddetto Artemidoro è protagonista-simbolo di conati interrotti: s'interrompe il disegno, s'interrompe la scrittura (a meno di immaginare che tutto il secondo libro artemidoreo si riducesse a quelle due colonne, la IV e la V), e s'interrompe – in questo caso felicemente – l'esposizione all'umido: protrattasi, come ci insegna il Gallazzi, quel tanto necessario (non un minuto di più né uno di meno) per ottenere l'effetto-timbro (*Spiegelschrift* per gli specialisti).

E per concludere su questo punto soggiungiamo, sia

pure solo di passata, una constatazione ovvia. Chi disegna così innumerevoli e sparpagliate vignette tende ad annotare via via il relativo toponimo: tanto più che, nel modello la cui esistenza dobbiamo *ex hypothesi* dare per certa (e che B. Kramer un dì pensò essere addirittura l'autografo di Artemidoro!),[26] trovava già il toponimo accanto a ciascuna vignetta. Non si vede perché il disegnatore avrebbe dovuto accrescere il rischio di errore rinviando ad un secondo momento l'indicazione di *tutti* i toponimi. E possiamo addurre anche un esempio concreto. È il Tolomeo dell'Additional 19391 della British Library, dove proprio la mappa della Spagna (f. 21ᵛ) è incompleta,[27] ma le poche vignette che il copista vergò sono regolarmente corredate del relativo toponimo. Il lavoro è rimasto a metà, ma i toponimi sono stati annotati subito accanto alle poche vignette che il disegnatore tracciò. Già per questo è inverosimile la fantasia di GK, che prevede un disegnatore il quale dapprima delinea castelli, casette, «stazioni di posta», strade, fiumi, estuarî, affluenti e chi più ne ha più ne metta, e poi ricomincia il lavoro daccapo e si mette a segnare (nuovo inizio) i relativi toponimi.

4. L'intento manipolatorio che sta alla base della unificazione dei rotoli "simonidei" (probabilmente i tre scomparsi dal fondo Simonidis del Museo di Liverpool) è confermato dalla rattristante avventura del *Konvolut*:

---

[26] Si veda il primo brano compreso in Appendice.
[27] Si veda la fig. 4 in L. Canfora, *Il papiro di Artemidoro*, cit.

la foto sfoderata *obtorto collo* nel marzo 2008 (ma assente dal sontuoso e iperdocumentato catalogo *Tre vite* del febbraio 2006) che doveva azzittire i dubbiosi e che invece si è definitivamente rivelata un fotomontaggio nel quale pezzi di scrittura tratti dal papiro e una troppo sviluppata gamba di giraffa sono stati sovrapposti ad una purchessia foto preesistente. L'esame tecnico attuato nel laboratorio IGM del CNR di Pavia ha dimostrato, infatti, in via definitiva, che (a) nella foto del *Konvolut*, la scrittura «segue un andamento regolare indipendentemente dalla discontinuità riscontrabile nella superficie del supporto»; (b) «il tratto inchiostrato delle scritture presenta in molte parti una densità che non appare compatibile con l'elevato potere coprente che si deve attribuire all'inchiostro a base di nero fumo con cui si ritiene sia stato vergato il papiro».[28] Dopo questo referto non ha senso sofisticare ancora a sostegno della miserevole foto del *Konvolut*.

Ed è il proposito stesso di ricorrere a manipolazioni che investe rovinosamente il prodotto nel suo insieme. È la volontà di ricorrere ad "armi" ingannevoli che dimostra che c'è qualcosa di non limpido da nascondere. Ancora una volta: viene meno il pilastro, crolla l'edificio.

5. Un indizio esterno della diversa genesi dei pezzi assemblati nel cosiddetto *P.Artemid.* è costituito da quel paio di righi di scrittura che si notano nel fram-

---

[28] Cfr. G. Bottiroli, nel volume *Fotografia e falsificazione* (San Marino, 2011).

mento denominato B, modesto brandello minore della «mappa», a giudicare dalle linee ondulate che vi appaiono. Qui è di immediata evidenza che le poche lettere alfabetiche riconoscibili sono vergate *in tutt'altra grafia* rispetto a quella delle colonne I-III e IV-V.[29] Già questo dato di fatto avrebbe dovuto consigliare prudenza.[30] Ma l'aspetto avventuroso è ancor meglio riscontrabile nell'interpretazione data da GK alle poche lettere superstiti (e per giunta dislocate su due diversi supporti). Dai seguenti segni:

η (e forse λ), ος ϙ (forse π) α

è scaturita la trovata di ricostruire, a colpi di fantasia creatrice, le seguenti parole: «[prima carta] 8x30; [seconda carta] 90x81». Qui avremmo dunque le dimensioni di una prima e di una seconda "carta": non importa se in assenza della parola indicante "carta" (πίναξ). Inoltre l'accostamento dei numerali indicherebbe una moltiplicazione: un vero colpo di teatro. Molto indicativo dell'avventurismo che sta alla base di tutto ciò è l'elenco delle possibili interpretazioni di quei frustuli alfabetici fornito in ed. LED, pp. 307-308 (è forse uno dei punti *clou* dell'intero volume). Trascriviamo:

«1. computo di una prestazione professionale [*sic*];

2. indicazioni per il disegnatore;

3. forse delle date;

---

[29] Nonché ovviamente delle didascalie del *verso*.

[30] GK (ed. LED, p. 306) notano la diversità di scrittura ma non se ne danno molto pensiero.

4. estensione di una superficie (le aree della carta iniziata dopo col. III e di quella presente dopo col. V);[31]

5. doppi valori (distanza massima e minima, come in Marciano, *Mare esterno*);

6. coordinate [ma tanto valeva pensare ad assi cartesiani];

7. volendo si può pure immaginare che si tratti di un'indicazione bibliografica. Il maestro di bottega avrebbe segnalato al disegnatore dove poteva trovare un esemplare delle carte [...]: rotolo 90, col. 81». [GK dimenticano che ad Alessandria era ormai invalsa da tempo la classificazione decimale Dewey per catalogare i rotoli...]».

Tutta questa paccottiglia allucinogena[32] è solo fumo per nascondere la sostanza. È ovvio che quel brandello abbia tutt'altra origine. (Le lettere possono essere semplicemente l'avanzo residuale di altra scrittura su di un pezzo di papiro non ben "lavato"). E nondimanco –

---

[31] Questo è un vero capolavoro: una tale ipotesi aggraverebbe ulteriormente le "colpe" del disegnatore, reo di aver tracciato la carta sbagliata. A questo punto le carte errate sarebbero due.

[32] Una caratteristica delle prose messe in essere per far quadrare ogni volta il cerchio di fronte alle imbarazzanti anomalie di *P.Artemid.* è la spericolatezza unita allo sprezio del ridicolo. Un caso interessante in tal senso è l'intervento di L. Porciani in «APF» 56.2 (2011) che risolve la insensatezza del testo contenuto nelle colonne I-II (nonché IV-V) con la ipotesi del "menabò": giovani copisti si esercitavano alla copia trascrivendo brani staccati, i quali, giustapposti come li troviamo in *P.Artemid.*, non danno gran che senso. In questo modo si può dimostrare anche che la "vispa Teresa" è un insieme di segmenti lessicali tratti dalla *Divina Commedia*. Ma potrebbe, quella del Porciani, essere soltanto un'ipotesi scherzosa: in tal caso è ben trovata.

direbbe Machiavelli – quel pezzo reca, puntualmente, un po' di cespugli sul *verso* – cespugli del genere di quelli che fanno da contorno alle figure di animali: l'operazione di blindare l'unità del rotolo è stata ovviamente estesa anche al brandello B. L'inconveniente che si è prodotto è rivelatore: il pezzo ha palesemente tutt'altra origine, però chi si è incaricato di unificare il tutto ricorrendo alla trovata di spalmare animali su tutto il *verso* non se n'è reso conto. (Così come non si è accorto delle sviste nelle didascalie apposte accanto a ciascuna figurina). Il risultato *boomerang* è evidente: gli ingredienti paesaggistico-teriomorfi sono stati adottati anche quando la provenienza allotria del pezzo era documentata dall'avanzo di una precedente scrittura.[33]

6. È fuori della realtà immaginare che delle «tavole anatomiche», come quelle che occupano la seconda parte del *recto* di *P.Artemid.*, dialoghino con un qualche modo con un *testo*, altro che non sia, beninteso, un trattato di pittura. Molto appropriatamente GK definirono, inizialmente, queste tavole di arti umani «disegni scientifici» (*wissenschaftliche Zeichnungen*),[34] poi si lasciarono andare alla frivola teoria degli allegri «ragazzi di bottega» dediti all'esercizio del disegno (chi sa perché solo di piedi e mani...). È chiaro invece, come s'è dimostrato al principio, che quelle sono due tavole. Esse non hanno a che fare con la geografia, e tanto

---

[33] Oltre tutto di tipo minuscolo.
[34] «APF» 1998, p. 189.

meno con la Spagna, ma con un qualche trattato sul disegno, sulla pittura.

Di trattati di pittura, come ben sappiamo, Simonidis s'intendeva. Ne aveva ritoccato (qua e là riscritto) e più volte ricopiato quello di Dionigi di Furna, cui proprio lui ha assicurato particolare successo e circolazione: non solo vendendone ad amatori occidentali esemplari di suo pugno, ma anche dandone egli stesso l'edizione del testo greco da lui rifatto (1853), e integrando alcuni esemplari da lui confezionati con tavole di suo pugno.[35]

Teorizzava, come s'è già detto, la continuità tra la pittura ellenistica e quella bizantina, rappresentata, a suo avviso, per l'appunto dal manuale di Dionigi (*Matthew* cit., p. 32) ed aveva anche familiarità con autori greci antichi cui la documentazione superstite attribuisce trattati *Sulla pittura*. Primo fra tutti Duride di Samo, di cui Simonidis si è molto interessato, come già si capiva dalla lista di fonti di «Eulyros» (l'immaginario geografo di cui egli pubblicò parte di un lessico geografico[36] di suo conio modellato sul lessico di Stefano di Bisanzio) e come si è compreso ancor meglio dopo la scoperta della lista di 81 falsi offerti da Simonidis

---

[35] Non è escluso che la prima notizia dell'esistenza di trattati *occidentali* per autodidatti in pittura del genere di quelli di Jombert (*Méthode pour apprendre à dessiner sans maître*) gli sia venuta proprio da Durand e Didron (1840 o 1839), i due disegnatori francesi entrati in contatto con lui per l'acquisto di una copia di Dionigi di Furna. Essi a loro volta conoscevano di sicuro i trattati di Jombert e altri simili, e probabilmente proprio *da tali trattati erano stati spinti a cercarne di analoghi per la pittura sacra orientale*.

[36] *Kephalleniakà*, Atene 1850.

nel 1850 all'Accademia delle Scienze di Pietroburgo.[37] La speciale attenzione di Simonidis per Duride fu notata e commentata ampiamente dall'accademico Christian Friedrich Graefe, cui i colleghi pietroburghesi avevano affidato l'analisi della imponente lista di presunti inediti. Nell'amato e assiduamente frequentato Diogene Laerzio, per l'esattezza nella prima e più completa menzione di Demetrio di Magnesia[38] (il cui trattato *Sugli omonimi* ha più volte imitato) Simonidis trovava la sola menzione esistente del trattato di Duride *Sulla pittura*.[39]

Né va dimenticata la trovata di Simonidis di attribuire al faraone Athotis II un'opera dal titolo ἀνατομικαὶ βίβλοι (*Libri anatomici*). Egli ne parla nel testo greco, del tutto inventato, del suo Uranios, inizialmente approvato come autentico dall'Accademia delle Scienze di Berlino.[40] Nella lista delle "fonti" dell'immaginario Eulyros ha poi inserito (al n. 31) un non meno immaginario Elladio di Tafo il quale, nella sua opera illustrata, trattava di monete e di statue. Ed un trattato *Sulla scultura* Plinio lo attribuiva proprio a Duride (*Nat. Hist.* 34, 61). Un manoscritto tutto illustrato, il nr. 77

---

[37] Pubblicata nell'anno 1999 da I. Medvedev, ed ora, con commento e raffronti con Eulyros, presso le Edizioni di Pagina (in corso di stampa).

[38] Diogene Laerzio I, 38.

[39] Vossius nel *De Historicis Graecis* aveva sollevato il dubbio che questo Duride fosse altra persona rispetto allo storico, ma da Gilles Ménage in poi questo arbitrario sospetto è stato accantonato. Nel repertorio di Müller, a Simonidis ben noto (cfr. G. Carlucci, in «Revue d'histoire des textes» n.s. VI, 2011, p. 414), Simonidis trovava il trattato *Sulla pittura* incluso tra le opere di Duride.

[40] Cfr. *Uranios*, ed. Dindorf, Oxford 1856, p. 9, righi 1-5.

della lista fatta pervenire a Pietroburgo, si intitolava «Le icone dei Salmi, di Panselinos».

7. Con quelle tavole per un *De pictura* le colonne di argomento geografico presenti in *P.Artemid.* non hanno nulla a che fare. Quelle cinque colonne di scrittura presentano, come si sa, una duplice materia: le prime due (o tre) discettano con patetica inconcludenza sulla geografia in generale, essenzialmente sulla compenetrazione di essa con la filosofia, e sui comportamenti del geografo-filosofo; la quarta e la quinta costituiscono una rabberciata epitome-periplo della Spagna, fabbricata con frammenti noti e fraseologia ricavata da Marciano e da Tolomeo. La volontà di far intendere che l'autore della mediocre compilazione sarebbe Artemidoro è resa evidente dalla adozione come punto di partenza (col. IV, 1-13) del solo frammento noto di Artemidoro, di una certa consistenza, riguardante appunto la Spagna (per l'esattezza la sua situazione politico-amministrativa). Non c'è bisogno di scervellarsi per capire come mai Simonidis, volendo fare una "Spagna di Artemidoro", abbia voluto far emergere che si trattava di una *epitome* (col. V, 16). Egli conosceva, ovviamente, i molti luoghi in cui Stefano di Bisanzio, citando Artemidoro, dice: «così Artemidoro nell'*Epitome*»; né ignorava la radicata opinione moderna, riproposta ancora da Robert Stiehle nella tuttora unica raccolta esistente dei frammenti di Artemidoro,[41] secondo cui Artemidoro avrebbe redatto

---

[41] «Philologus» 11, 1856.

egli stesso l'*Epitome* della sua opera, ovvero quella – ancor più netta – di Meursius, resa nota dal *Thesaurus Antiquitatum Graecarum* di Gronovius (vol. X, Venetiis 1735, p. 1266), secondo cui l'opera geografica di Artemidoro *non era che un'epitome* («Ac fuit totum illud opus Epitome tantum»). Quel monumentale repertorio di Jacob Gronov, edito dapprima a Leida (1697-1702) e poi a Venezia (1735), presente nella Biblioteca Nazionale di Atene e in quella imperiale di Mosca nell'edizione di Venezia, è onnipresente, praticamente in tutte le biblioteche importanti d'Europa, da Vienna a Berlino a Parigi. Difficile immaginare un'opera antiquaria più diffusa, più completa, più consultata. È di certo una fonte che – come vedremo – Simonidis non ha ignorato.

Lì è compreso, nel volume decimo, uno scritto preziosissimo di Meursius, un repertorio degli autori greci non conservati ma di cui si hanno notizie e frammenti: la *Bibliotheca Graeca*. E c'è ovviamente anche "Artemidorus Ephesius" privo di una esatta cronologia ma presentato come autore di un'opera «che non fu altro che una Epitome» (così Meursius intendeva le molte citazioni presenti in Stefano, introdotte dalle parole: «così Artemidoro nell'Epitome»).

Il ricorso da parte di Simonidis al repertorio di Meursius è ben comprensibile. Era, quello di Meursius, *il primo repertorio sistematico* degli autori in frammenti. Lo segnalava come tale Fabricius – un autore cui Simonidis ricorre spesso – in prefazione al primo volume della sua *Bibliotheca Graeca*: ed era un lavoro imponente (basta scorrere l'*Index scriptorum qui in hoc opere continentur* premesso al repertorio), dal quale Simonidis ha anche tratto ispirazione e nomi per il suo rigoglioso elenco di 81 manoscritti di autori per lo più perduti (Alessio Aristeno, Arione di Patrasso, Aristeo, Cleandro, Damago [per Damageto] poi Daimaco etc., per tenerci solo all'inizio della lista). Ed è ispirandosi appunto al netto giudizio di Meursius che Simonidis ha fatto dire ad Artemidoro (*P.Artemid.* colonna V, 16) *sto facendo una epitome*.[42] Lo confortava appunto l'autorità di Meursius: «fuit totum illud opus Epitome tantum». Non è superfluo segnalare che Fabricius rinviava a Meursius proprio a proposito di Artemidoro.[43]

8. Sappiamo bene che Simonidis amava dar vita, quando si dedicava a creare un falso, ad una tipologia fissa di elementi: una «prefazione» cui affiancava un più o meno ampio frammento che doveva apparire come tratto da altra parte della stessa opera. Così fece per la *Storia armena*,[44] così fece per Uranio.[45] Così

---

[42] Che le colonne IV e V di *P.Artemid.* possano intendersi solo come epitome è ammesso ormai anche da D. Marcotte, «Revue d'histoire des textes» N.S. 5, 2010, pp. 354, 360.

[43] *Bibliotheca Graeca*, vol. IV, Hamburg 1708, p. 406. Simonidis adoperava abitualmente proprio questa prima edizione del Fabricius.

[44] Cfr. A.D. Mordtmann, *Des Simonides litterarische Schwindeleien*, «Augsburger Allgemeine Zeitung» 28.XI.1853, 5306. Cfr. *supra* cap. XI, § 1.

[45] A giudicare dall'edizione Dindorf e dalle altre informazioni su tale testo (Freytag soprattutto).

doveva essere concepita anche l'epitome dall'opera geografica di Democrito da lui inclusa (n. 24) tra gli 81 inediti offerti nel gennaio 1850 all'Accademia di Pietroburgo: un'introduzione generale sulla Geografia (lo si ricava dalla citazione delle parole iniziali τάδ' ἔστι γεωγραφικά) cui doveva seguire una trattazione *riguardante unicamente l'Egitto*. Così ha fatto per lo pseudo-Artemidoro: una introduzione e inoltre una Spagna. Dunque i "pezzi" (frammenti di rotolo) di testo letterario dovevano essere *due* e ben distinti tra loro: *come infatti sono tuttora*.

Lo (pseudo) Artemidoro che parla nel proemio corrisponde all'Artemidoro creato dalla fantasia di Christoph Kuffner (se n'è parlato nella *Seconda Parte*, capitolo VIII): geografo un po' più anziano di Strabone e filosofo talmente longevo da fare a tempo ad essere allontanato da Roma da Domiziano. Nonostante l'evidente anacronismo, Kuffner – come sappiamo – tenne ferma quella sua idea del geografo e filosofo Artemidoro dal primo al quinto volume del suo *Artemidor* (1822-1831). All'accoglimento da parte di Simonidis di tale erronea visione della cronologia di Artemidoro poté contribuire proprio la mancanza di una qualunque cronologia del personaggio nella voce *Artemidorus Ephesius* compresa nel grande repertorio del Meursius. La voce si apre con la notizia di ciò che Artemidoro scrisse, seguita proprio dalla segnalazione del cap. 23 del *De administrando imperio* di Costantino Porfirogenito (che contiene il frammento sulla Spagna che ritroviamo in *P.Artemid.*, col. IV, 1-

13), quindi dalle parole di Marciano («testis locuples») su Artemidoro: dopo di che, Meursius conclude con la affermazione, e relativa dimostrazione, che l'opera di Artemidoro «fuit Epitome tantum». Quanto scritto da Meursius e la costruzione biografica di Kuffner sono perfettamente conciliabili. Simonidis, nel fare l'«Artemidoro», si è servito di entrambi.[46] Nel secondo tomo del suo *Artemidor*, Kuffner inserisce anche (p. 24) un breve profilo dei doveri e delle fatiche del geografo.

9. Due pezzi della stessa opera geografica, uno schizzo paesaggistico vagamente ispirato alla *Tabula Peutingeriana* (la cosiddetta "mappa"), due tavole di un forse solo progettato *De pictura* (magari proprio quello dell'amato Duride). Questi sono i *tre distinti ingredienti* «simonidei» che una mano recentissima ha accorpato con teratologico effetto, ormai spento.

Ricordiamo ora che i pezzi di Simonidis scomparsi dopo il 1980 (?) dal fondo dei suoi falsi papiri conservato al Museo di Liverpool erano *tre*, se è esatta l'informazione fornita da James Farrer (*Literary Forgeries*, London 1907, p. 56): «vi sono nella collezione tre papiri ancora non srotolati, consunti e fragili, simili a enormi sigari: chissà quali preziosi segreti dell'antichità contengono!».

---

[46] Che conoscesse il Kuffner si può documentare non solo sulla base di quanto detto *supra* (Parte II, cap. VIII), ma anche sulla base di alcuni elementi presenti nella lista di 81 inediti da lui presentata all'Accademia di Pietroburgo: su ciò cfr. l'edizione di Eulyros (Edizioni di Pagina 2011, in corso di stampa).

Piotr Bienkowski, conservatore in quel museo dal 1978 al 2003, dice di serbarne un vago ricordo. Nel dicembre 2007 Livia Capponi ha visitato e descritto il fondo Simonidis al Museo di Liverpool, ma quei *tre* rotoli non c'erano più.[47]

---

[47] Peraltro la notizia dell'apparizione dell'«Artemidoro» (ancora in maschera) in Europa nel 1971 – cioè in tempestivissimo anticipo rispetto alla legge egiziana del 1972 – è una pura e semplice «trovata», legata, tra l'altro, alla leggenda della maschera, ormai lasciata cadere. Quindi è priva di qualunque valore.

In conclusione

Unica e definitiva certezza è che la vera *Geografia* di Artemidoro non c'entra per niente con questo papiro. Peraltro alcune domande sembrano destinate, almeno per ora, a rimanere senza risposta. L'inchiostro adoperato da Simonidis era talmente fluido da lasciare così cospicua traccia nel riavvolgimento? O anche: fu forse Simonidis stesso, una volta create le tre opere e prodottosi l'incidente delle «impronte», a unirle in un unico *monstre*? Per dar vita a un prodotto mirabolante? In vista di un "grande affare"? O forse risalgono a lui gli animali "di Artemidoro" che infatti ritroviamo sul *verso* del papiro, ma non gli altri?[48] E allora a quale mano dovremo attribuire le didascalie, così piene di errori? O addirittura il tutto è un falso molto più moderno, basato però sui tre «grossi sigari» simonidei scomparsi dal Museo di Liverpool? Più d'uno lo ha ipotizzato.

E d'altra parte si può senz'altro escludere che *P.Artemid.* sia invece un prodotto tardo di Simonidis fabbricato da lui nell'ultima fase (quella egiziana)? La

---

[48] Ipotesi che ha molte *chances* di essere degna di attenzione.

sua morte avviene, a quanto pare, nell'ottobre 1890 (o anche più tardi). Dall'Egitto egli fa giungere, tramite Brugsch, a Lipsia l'Eschilo subito smascherato da Ritschl. E da carte sue Giuseppe Botti acquisisce – attraverso vari passaggi – il Palefato che intendeva presentare a Roma al Congresso internazionale di scienze storiche del 1903.[49] Materiale suo dovette continuare ad essere presente in Egitto anche dopo la sua scomparsa.

Come dar conto di tutti gli elementi abilmente «mixati» nell'oggetto che abbiamo davanti? L'analisi rischiara e consente di collegare molti dati fattuali che altri lasciano inspiegati, però entra in gioco pur sempre – almeno per alcuni aspetti – un elemento congetturale. *Ma è proprio qui la conferma che siamo di fronte a «carte truccate».* La più sospetta delle quali è il *verso* del papiro: lo abbiamo ormai compreso. Sovvengono ad illuminare meglio questo punto le soppesate parole del Settis: «a quale scopo tanti animali sono stati disegnati tutti insieme»? (*XXI secolo*, p. 28).

Orbene, a questo proposito è da mettere bene in chiaro un punto cui s'è già prima fatto cenno: che cioè *una vera analisi degli inchiostri del «verso» non sembra sia stata mai fatta.*[50] L'analisi basata su prelievo di campioni di inchiostro, affidata al «Laboratorio di chimica per le tecnologie dell'Università di Brescia» (D. Bene-

---

[49] Ma Simonidis rivendica il Palefato già nelle *Theologikai graphai tessares*, London 1865, p. 170.

[50] A parte l'esposizione di una imprecisata «area» ad un fascio di protoni.

detti, E. Bontempi, L.E. Depero), ha riguardato solo aree del *recto*. Con una curiosa particolarità: che uno dei sette campioni analizzati, e cioè il campione nr. 5 («colore nero mappa»), è stato presentato come campione del *verso*.[51]

Si legge infatti nella relazione bresciana (p. 11, § 2.2 *Analisi micro-Raman*): «In tutti i campioni analizzati si è rilevata la presenza dello stesso pigmento nero, sia per quanto riguarda la mappa (*verso*) sia per quanto riguarda i disegni (*recto*)». Questo capoverso, nel quale si afferma che la mappa starebbe sul *verso*, è scomparso nell'ed. LED, pur essendo, in quella sede, la relazione bresciana puntualmente riprodotta (p. 74): appunto, tranne quel capoverso. Ne consegue che, se la mappa pertiene al *recto*, analisi di campioni di inchiostro del *verso* non ce ne sono!

Impossibile imputare l'errore agli scienziati bresciani, ai quali i sette minuscoli campioni di inchiostro prelevati (e riprodotti alla pagina 2 della relazione) saranno stati presentati con le indicazioni relative alla provenienza di ciascuno.

Fu malizioso errore ovvero inizialmente si era intesa la mappa come spettante al *verso*? Probabilmente non ci verrà mai spiegato.

Finché non saranno effettuati veri prelievi dell'inchiostro del *verso*, e non certo di un singolo frustulo casualmente scelto ma col proposito di una seria mappatura delle 42 figure, sarà – dolorosamente – inevitabile

---

[51] Laddove la cosiddetta «mappa» è stata montata come *recto*.

concludere che *del «verso» si vuole celare l'origine*: che anche in ragione di ciò si rivela sospetta.

È una forma di ostruzionismo mal riposto, oltre che inutile, visto che, indipendentemente da ciò, le prove dell'origine comunque moderna dell'intero manufatto sono ormai schiaccianti.

Appendice

Scosso dalla brutta storia dello pseudo-Artemidoro, un attento osservatore, che preferisce celarsi dietro il glorioso nome del geografo Agatemero, inviò da Haifa ai «Quaderni di storia» alcune informazioni. Ritagliò certe corrispondenze giornalistiche e ci propose di darne conto ai lettori. Da quell'ampia messe abbiamo estratto fior da fiore:

Ritrovato l'originale di Artemidoro?

U. von Rauchhaupt, Fetzen des Wissens, «Frankfurter Allgemeine Sonntagszeitung» 30 ottobre 2005, pp. 76-77 [stralcio da una strabiliante intervista a B. Kramer]:

La questione però è che cosa rappresenti la carta geografica. Perché anch'essa è rimasta incompiuta, mancano i nomi di luoghi e fiumi. «Dal momento che si trova sullo stesso frammento di papiro che contiene la descrizione della Spagna, è ovvio che si tratti di una parte della Spagna», dice Kramer. Lo confermerebbe anche l'orientamento est-ovest dei fiumi (già per i romani il nord era in alto). Poi, deve trattarsi di un'area densamente abitata, ovvero la Betica, l'odierna Andalusia. Allora, il fiume la cui biforcazione si può vedere sulla carta sarebbe forse il Guadalquivir.

Eppure quest'ipotesi non è del tutto esente da problemi. Non è solo il fatto che non abbiamo notizia di nessun'antica città spagnola su una grande biforcazione fluviale, come mostra la carta. Crea sospetto anche il fatto che la carta inizi subito dopo tre colonne di testo in cui, a giudizio di Kramer, abbiamo a che fare piuttosto con l'inizio dell'introduzione all'opera intera, cioè al primo libro dei *Geographoumena*, e non con un'introduzione al libro sulla Spagna. «Tuttavia la carta non deve per forza rappresentare l'Iberia» dice Kramer. «Potremmo pertanto limitarci alla descrizione». Ci si può però riflettere sopra e neppure la papirologa può trattenersi dal farlo. «**In realtà avevo meditato a lungo sull'ipotesi che questa carta risalisse ad Artemidoro stesso e che il disegnatore pertanto avesse avuto come modello addirittura un rotolo originale di Artemidoro**». Poi, però, Alfred Stückelberger le aveva fatto notare i numerosi elementi tipicamente romani della carta, come le vignette, che spingono a supporre che la carta risalga ad epoca più recente, quando l'influsso romano su Alessandria era ben più consistente che all'epoca di Artemidoro.

L. Carcano, *San Paolo, assegno da 41 milioni*, «Il Sole-24 ore. nordovest» 26 ottobre 2005, p. 17

La Compagnia [di San Paolo] affronterà, con altri soggetti, la ristrutturazione e il riallestimento del Museo Egizio, un'operazione da 50 milioni, di cui ha già garantito la metà delle risorse. «Una sfida – annuncia

Dario Disegni, responsabile arte, cultura e beni ambientali della compagnia di San Paolo – che ci vede **impegnati direttamente nella gestione della Fondazione Museo antichità Egizie**. Un primo lancio avverrà a febbraio 2006, a Torino, a Palazzo Bricherasio, con una grande mostra che poi approderà in Europa e negli Stati Uniti, dedicata al prezioso "Papiro di Artemidoro", **che abbiamo acquisito proprio per l'Egizio**».

Colpi di scena

V. Sabadin, «*Il Papiro non tornerà in Egitto*», «La Stampa» 30 dicembre 2006, p. 15

Non solo il busto di Nefertiti (a Berlino), lo Zodiaco di Dendera (a Parigi), la Stele di Rosetta (a Londra), il busto di Akhnaton (a Boston) e la statua di Hemiunu (a Hildesheim, Germania): **il potente sovrintendente delle antichità egizie Zahi Hawass** rivuole indietro qualcosa anche da Torino, il «canone reale» che si trova nel Museo Egizio. Si tratta di piccoli frammenti di papiro, tanto insignificanti sul piano estetico quanto preziosi su quello storico: contengono infatti uno dei pochi elenchi esistenti delle dinastie che hanno regnato nel corso dei millenni in Egitto e ci hanno aiutato nel comprendere meglio la storia di quella straordinaria civiltà. [...]

All'Egizio tutti ritengono che la cosa non avrà un seguito e si augurano che, se lo avrà, il ministero negherà la restituzione. [...] Non resta che attendere la prossima mossa di Hawass. Per il momento, la spiegazione più semplice alla sua curiosa richiesta va probabilmente fatta risalire alla esposizione a Torino (a palazzo Bricherasio) di un altro papiro di epoca tolemaica, quello di Artemidoro, che **scatenò proteste e richieste di spiegazioni da parte dell'onnivoro sovrintendente egiziano**. Non avendo ottenuto soddisfazione, Hawass ha forse deciso di vendicarsi con un altro museo della città.

M. Paglieri, *Il Papiro della discordia. Si risolve a Milano il giallo di Artemidoro*, «la Repubblica», Torino, 2 giugno 2007

«Tornerà a Torino **a metà luglio** il Papiro di Artemidoro. Ora si trova presso il centro di Papirologia Achille Vogliano dell'università di Milano, ma **per quella data verrà riconsegnato alla Fondazione per l'Arte** della Compagnia di San Paolo, che ne è proprietaria». Sono parole del professor **Claudio Gallazzi**, papirologo di fama, che sta studiando **il celebre e controverso reperto** intitolato al geografo di Efeso, in vista dell'edizione critica di cui è curatore con lo studioso Salvatore Settis e la docente tedesca Bärbel Kramer. Edizione che, pubblicata entro fine anno dall'editrice milanese LED, verrà presentata prima in Italia, in sede ancora da definire, quindi a Berlino. Prima di allora, il papiro non sarà esposto al Museo Egizio torinese. Lo si potrà vedere, però, a dicembre, in quello della capitale tedesca, in occasione della nuova apertura dopo i restauri. Dalla chiusura della mostra allestita nel 2006 a Palazzo Bricherasio, dal titolo «Le tre vite del papiro di Artemidoro» – visitata anche dal presidente Ciampi, nel giorno di apertura delle olimpiadi – **si erano perse le tracce del controverso documento di età ellenistica** […].

«Il papiro di Artemidoro è qui a Milano, nel centro di papirologia dell'Università, dalla chiusura della mostra di Palazzo Bricherasio nel maggio 2006. L'abbiamo studiato e riprodotto con speciali tecnologie», dice. Racconta che la ditta Mixel ha curato l'elaborazione tecnica dei disegni, nei laboratori dell'università si è invece proceduto con la reflettografia e con la riproduzione con infrarossi e luce bianca. «A studi conclusi, il Papiro **potrà essere esposto a Torino**, ma non sappiamo ancora quando. **Sarà attrezzata**, immagino, **un'apposita sala**». E a proposito delle accuse di falsità, Gallazzi che cosa risponde? Preferisce rimandare ogni commento all'uscita dell'edizione critica.

Una frase però la pronuncia, di quelle che non ammettono replica: «**La questione dell'autenticità sarà liquidata nel nostro studio in non più di dieci righe**». […]

[*Raramente una profezia si è rivelata così infelice*].

D. Messina, *E la polizia scientifica risolve il caso*, «Corriere della Sera» 29 aprile 2009

Una delle principali questioni poste da Luciano Canfora nell'ormai triennale disputa sul papiro di Artemidoro riguarda la provenienza. Come mai, aveva notato in diverse sedi il filologo che per primo ne ha messo in dubbio l'autenticità, nella grande mostra a

Palazzo Bricherasio di Torino erano state esposte immagini di ogni genere, ma non l'oggetto dal quale erano stati recuperati duecento frammenti, cinquanta di Artemidoro e altri centocinquanta di documenti? A quest'obiezione sembrava che l'edizione critica del Papiro, edita dalla LED, presentata a Berlino nel marzo 2008, avesse risposto con la pubblicazione della foto di un «Konvolut», un ammasso alto circa trentatré centimetri e largo undici. Certo, qualche interrogativo rimaneva, perché uno dei curatori – Salvatore Settis – all'inizio aveva parlato della maschera di una mummia dalla quale erano stati estratti i preziosi reperti. Difficile che una maschera potesse contenere il «Konvolut».

Ma i dubbi furono accantonati, finché non è entrata in campo l'équipe del Gabinetto interregionale della polizia scientifica delle Marche-Abruzzo diretta da Silio Bozzi, che ha analizzato la foto nella maniera più asettica possibile, evidenziando eclatanti contraddizioni. Le tesi di questa équipe della polizia di Stato, che ha lavorato per diversi mesi al di fuori dell'orario di ufficio, ma mettendo in campo tutta la propria esperienza professionale, saranno illustrate questa mattina dal dottor Bozzi al convegno che si svolge a Rovereto e sono pubblicate in una brossura edita da Dedalo, *Indagine tecnica sul Konvolut. Nuove prospettive di analisi sul papiro di Artemidoro,* estratto dalla rivista «Quaderni di storia» n. 70. Di solito Silio Bozzi conduce con la sua équipe analisi nel campo del falso documentale e della fotografia forense. Per la prima volta si è trovato a fare indagini decisive in una discussione tra studiosi del mondo antico. «La prima cosa che ha suscitato il nostro interesse – dice Bozzi – è un sistema di ombre e luci che appaiono incoerenti. Un'ombra in particolare sembra artefatta. La seconda incongruenza l'abbiamo riscontrata nello scontornamento del Konvolut che in alcune parti ci appare eccessivamente lineare. Così come singolare ci è parsa la totale assenza di misure precise in un reperto di questo tipo. Nell'analisi dell'immagine abbiamo dato per buoni i presupposti dei curatori dell'edizione critica perché ci è sembrato ancora singolare che non ci venga offerta la visione della parte inferiore dell'oggetto».

La seconda parte dell'analisi riguarda la corrispondenza dei caratteri greci e dei disegni che compaiono nella foto del Konvolut con le lettere e le immagini del papiro disteso. «L'incoerenza principale che riguarda i caratteri grafici – spiega Bozzi – è relativa al fatto che i caratteri del Konvolut non sono soggetti a deformazione prospettica». Come diverse tabelle pubblicate nel volumetto edito da Dedalo dimostrano, qualsiasi immagine piegata presenta delle alterazioni. «Mi sarei aspettato – continua l'investigatore – che essendo il Konvolut un insieme di superfici variamente curve e deformate di non poter sovrapporre tutti i caratteri, come invece è accaduto. Un concetto che ha facilmente capito anche mia figlia di nove anni».

Un discorso a parte riguarda il paragone tra la zampa esterna della giraffa sul Konvolut e quella sul papiro disteso: «La larghezza è la metà, la lunghezza è identica. Poiché il disegno sul Konvolut ha un andamento quasi serpeggiante, che sembra assecondare le ondulazioni, avrebbe dovuto essere più lungo. Invece anche qui c'è perfetta coincidenza». Infine gli investigatori hanno trovato sul Konvolut un tratto grafico che non compare sul papiro disteso.

Chiediamo: queste incongruenze potrebbero fare pensare a un fotomontaggio? «È un termine forte che noi non usiamo. Preferirei parlare di trasmigrazione di dati da un luogo a un altro».

Artemidoro sotto sfratto

P. Panza, *Artemidoro in cerca di un museo*, «Corriere della Sera» 19 ottobre 2009

L'Egizio avrebbe respinto il «papiro sospetto»: non si può esporre. Una ipotesi può essere quella di destinare il papiro alle collezioni delle antichità della città sabauda. Una norma dello Stato egiziano prevede la restituzione delle opere uscite dal Paese dopo gli anni Settanta.

A cinque anni esatti dall'acquisto, il cosiddetto Papiro di Artemidoro non ha ancora trovato né pace né casa. [...] Il reperto che, come scrisse Maurizio Calvesi, resta al minimo «un documento affascinante del XIX secolo di non trascurabile interesse culturale», sembrava potesse uscire dal caveau dalla Compagnia di San Paolo di Torino, dove è custodito, per trovare casa nel rinnovato Museo Egizio.

Ma come ogni buon giallo di egittologia che si rispetti, anche qui sarebbe finito al centro di discussioni che avrebbero portato il consiglio di amministrazione della

Fondazione del museo a «non accoglierlo». La decisione sarebbe stata assunta in un blindato consiglio di amministrazione della scorsa settimana e solo nei prossimi giorni si potranno avere ulteriori conferme e conoscere meglio i dettagli. Il consiglio, del quale fanno parte, oltre al presidente Alain Elkann, numerosi rappresentanti delle istituzioni locali, avrebbe deliberato di non accoglierlo anche sulla base del parere del consiglio scientifico presieduto da Alessandro Roccati (uno dei nostri maggiori egittologi) che avrebbe definito «sospetto» il papiro. Una barriera scientifica all'accoglimento sarebbe venuta anche dalla direttrice del museo, Elena Vassilika, in contrasto per altri reperti con il «mercante» armeno al quale andrebbe ascritta la scoperta del papiro. Lo scenario che si apre ora, oblio a parte, è la ricerca di una diversa collocazione, che potrebbe essere quella del Museo di antichità e collezioni archeologiche di Torino, che conserva il patrimonio delle collezioni sabaude. Ma in relazione a questa soluzione potrebbero sorgere due ulteriori controversie. La prima resta quella dell'autenticità: può essere esposto un reperto al centro di una simile controversia? La seconda una eventuale – se si attestasse per ulteriori analisi una autenticità a questo punto sorprendente – richiesta di restituzione da parte dell'Egitto. Una legge stabilisce che tutti i reperti usciti da quel Paese dopo il 1971 devono essere restituiti. E la compagnia di San Paolo ha dichiarato che il reperto era «arrivato alla conoscenza di una ristretta cerchia di esperti e poi sul mercato sul finire degli anni '90 dello scorso secolo».

Ma anche sulle modalità di ritrovamento del reperto ci sarebbero interpretazioni oscure. Con i papiri, del resto, non poteva andare diversamente.

P. Panza, *Artemidoro, il papiro che «scotta»*, «Corriere della Sera» 20 ottobre 2009

Il Papiro di Artemidoro è diventato un po' come il cerino che scotta: nessuno vuol prenderselo veramente in dote per timore di «scottarsi». Il consiglio di amministrazione del Museo Egizio, nel quale siedono due rappresentanti della Fondazione Compagnia di San Paolo, proprietaria del papiro (acquistato come originale del I secolo a.C., attribuzione poi contraddetta da Luciano Canfora), sottolinea che il reperto non è una sua priorità. «Noi stiamo rifacendo l'intero museo per renderlo, entro il 2013, una istituzione rinnovata, funzionale e moderna», afferma il presidente Alain Elkann. Per questo il consiglio ha deciso, per ora, di non riceverlo. Lo stesso presidente del Consiglio scientifico del museo, l'egittologo Alessandro Roccati, prende le distanze dal papiro-cerino: «non è nostra responsabilità deciderne la destinazione; noi abbiamo consigliato cautela perché non c'è certezza sulla natura e legittimità del reperto»; «a oggi mancano certezze sulla sua autenticità, dunque è bene non esporlo. Se si è in guerra, conviene rimanere in trincea, non esporsi a situazioni imbarazzanti». A questo punto il cerino, oltre che nelle mani dei proprietari, potrebbe passare in quelle del ministero, che spinse la fondazione compagnia di San Paolo ad acquistarlo nel 2004. Dalla segreteria generale del ministero per i Beni culturali, diretta da Giuseppe Proietti, fanno sapere che «stanno acquisendo tutti gli elementi per valutare la situazione». [...]

Il tramonto del Konvolut

A. Carioti, *Artemidoro, la foto impossibile*, «Corriere della Sera» 5 luglio 2010
«L'immagine del Konvolut è troppo nitida: non può essere del 1981». Si notano enormi differenze nel livello di definizione fra la struttura del supporto e le scritte che vi appaiono.
[...] Una nuova imminente pubblicazione, opera di un esperto di fotografia napoletano, Salvatore Granata, punta i riflettori sulla foto del cosiddetto Konvolut, l'ammasso di papiro da cui si dice provengano i frammenti che compongono il famoso e controverso rotolo.
«Sin dall'inizio – ricorda Canfora, sempre più convinto che il papiro sia un falso ottocentesco – uno degli aspetti più insoliti della vicenda Artemidoro era la mancanza di qualsiasi documentazione fotografica circa la situazione di partenza del reperto e le successive operazioni di smontaggio. Di solito vengono scattate numerose istantanee per testimoniare le diverse fasi della procedura, invece in questo caso non c'era nulla. Soltanto nel marzo del 2008 abbiamo potuto finalmente vedere un'unica immagine del Konvolut. Ma elementi sempre più probanti inducono a ritenere che quella foto sia frutto di una falsificazione realizzata da chi

ha venduto il papiro alla Fondazione per l'Arte della Compagnia di San Paolo».

Il primo a sollevare la questione è stato Silio Bozzi, responsabile del Gabinetto interregionale della polizia scientifica di Marche e Abruzzo: prima su «Quaderni di storia» (numero di luglio-dicembre 2009) e poi nel convegno tenuto a Rovereto l'anno scorso, i cui atti sono raccolti nel volume *Il papiro di Artemidoro* (disponibile presso l'**Accademia Roveretana degli Agiati, tel. 0464.436663, www.agiati.org**).

La sua analisi tecnica giungeva alla conclusione che la foto del Konvolut era stata manipolata. Un'ipotesi contestata dallo storico della fotografia Paolo Morello – in un saggio parzialmente anticipato sul «Sole-24 ore» il 21 marzo – con argomenti che, secondo Bozzi, finiscono invece per accreditarla.

A suo avviso Morello, insistendo «sulle sconvolgenti e inesauste deformazioni subite dal papiro e quindi anche dai segni in esso contenuti», mette ancor più in rilievo come la perfetta sovrapponibilità tra le lettere leggibili sul Konvolut e quelle presenti sul papiro disteso non possa che derivare da una manipolazione.

Va nello stesso senso il lavoro di Salvatore Granata, attualmente impegnato nella digitalizzazione della biblioteca dell'Osservatorio Vesuviano: «Sto completando – ci dice – la relazione sul papiro di Artemidoro, ma dispongo già di prove sufficienti per anticipare alcune conclusioni. Innanzitutto c'è il problema dell'attribuzione temporale. Secondo la ricostruzione fornita ufficialmente, il Konvolut venne smontato nel 1981, quindi il negativo della foto dovrebbe essere precedente.

«Ma l'immagine è troppo nitida perché si possa credere che sia stata scattata con le pellicole in uso all'epoca. L'evoluzione dei materiali non si è mai interrotta e ha consentito di ottenere foto di qualità sempre migliore nel corso del tempo. Una semplice comparazione con diverse immagini risalenti agli anni Ottanta e Novanta porta a concludere che per immortalare il Konvolut venne utilizzata una pellicola negativa colore in commercio nell'ultimo decennio dello scorso secolo, direi intorno al 1995».

I tempi dunque non quadrano, a quanto pare. Ma c'è un elemento in più: «L'immagine – sottolinea Granata – presenta singolari anomalie. Si riscontra un evidente scarto in fatto di nitidezza tra zone diverse del Konvolut: la struttura fibrosa del papiro risulta mossa e scarsamente definita, mentre le lettere dello scritto sono perfettamente leggibili, con un più elevato livello di definizione».

Come si possono spiegare incongruenze del genere? «A mio parere ci sono stati due scatti. Prima è stato fotografato un Konvolut senza scritte. Quindi è stata realizzata una stampa dell'immagine in grande formato, sulla quale una mano dotata di un certo talento artistico ha effettuato alcune modifiche, adoperando un apposito kit di ritocco, per riprodurre parte del testo e dei disegni che appaiono sul papiro di Artemidoro. Infine si è proceduto a rifotografare la stampa così manipolata, che è stata diffusa in formato molto più piccolo, spacciandola per un'immagine del Konvolut nella sua forma originaria. Un lavoro abile, che però ha lasciato tracce abbastanza agevoli da individuare per un occhio esperto».

S. Bozzi, *Ci sono tre stelle contro Artemidoro*, «Corriere della Sera» 8 settembre 2010

Raramente, nel corso di una quasi ventennale carriera, mi sono imbattuto in un *reperto* così misterioso e al tempo così generoso di informazioni sulla propria origine e sulla propria tormentata vicenda. Intendiamo riferirci alla famigerata foto del cosiddetto Konvolut. È come se questa controversa stampa chimica, dopo essere stata opportunamente sollecitata, abbia voluto «vuotare il sacco», come nella confessione finale di una vera e propria indagine poliziesca. Anche grazie alla nuova e assai profonda indagine tecnica eseguita da Salvatore Granata, la foto del cosiddetto Konvolut ci ha rivelato quasi tutto sulla sua natura, anche se molto meno sul vero scopo della sua creazione. Pochi sanno che, ancora una volta dopo tanti anni, la via che porta alla verità è rischiarata da una stella, anzi da tre stelle.

Spieghiamo perché. La fotografia del Konvolut è, ancora prima della raffigurazione di un oggetto, un oggetto essa stessa. È stampata su carta fotografica Fujicolor. Come ci è stato ripetutamente fatto notare, la foto in questione è custodita, «a partire dalla metà degli anni '90», a Milano presso il Centro Vogliano. Il professor Gallazzi, direttore del Centro, con apprezzata sollecitudine, ha in più di una occasione agevolato la nostra indagine mettendoci nelle condizioni di eseguire, presso i locali del citato centro, una scrupolosa attività di analisi tecnica sul reperto. Lo stesso Gallazzi ha inoltre sempre parlato di una stampa originale tratta da un negativo conservato in Germania dal venditore Serop Simonian, frutto di quell'unico scatto fotografico eseguito dal restauratore che «aprì» il Konvolut e distese il papiro (operazione, quest'ultima, antecedente il 1981). Queste dichiarazioni, come vedremo, non sono prive d'importanza.

In particolare, un dettaglio è in grado di elargire fondamentali informazioni: il logo della Fuji presenta tre piccole stelle in prossimità del margine superiore. Al fine di datare la stampa in esame, interpellammo la ditta produttrice nella persona della dottoressa Guarischi di Fuji Italia. Essa, dopo aver svolto una accurata indagine commerciale, ci scrisse: «Il logo a tre stelle è stato utilizzato a partire dal 1988 fino all'inizio del 1994». La fotografia del Konvolut, quindi, è stata stampata in un periodo compreso tra il 1988 e il 1994. Ma nel 1981 Günter Grimm e Shelton videro il papiro già disteso! La situazione per i «difensori» della foto diventa imbarazzante, «per *la contradizion che noi consente...*».

Certo qualcuno potrebbe obbiettare che la fotografia da noi analizzata potrebbe essere una copia stampata – per ragioni incoercibili al senso – dopo più *di dieci anni dall'esecuzione dello scatto.* Che stranezza. Le possibili spiegazioni appaiono alquanto inconsistenti; uno smarrimento del negativo, una dimenticanza, neghittosità, la mancata consapevolezza del valore di quell'unico portentoso documento o di ciò che esso riproduceva, e via dicendo. Ma tutto questo non è possibile perché l'indagine del Granata ha dimostrato che la *grana della pellicola* (trasposta sulla stampa fotografica) non può essere riferibile al 1980-81, bensì alla metà degli anni '90! Insomma le tre piccole stelle, appena sbiadite ma ancora visibili sul retro dell'unica copia della stampa, confermano la veridicità degli sconvolgenti risultati offerti dallo studioso napoletano. Con le tre carte forse si può ancora giocare, con le tre stelle no.

Il complesso dei numerosi e incontrovertibili dati scientifici ottenuti demoliscono definitivamente le flebili contestazioni al nostro lavoro, giunte non da un analista dell'immagine, come sarebbe stato sensato attendersi, ma da uno «storico della fotografia», Paolo Morello («Il Sole-24 ore» 21 marzo 2010). Si trattava di affermazioni a dir poco sorprendenti. Morello, infatti, nel sottolineare le inesauste deformazioni delle immagini dovute ai vari *passaggi fotografici*, otteneva unicamente il risultato di rafforzare la nostra tesi: le lettere presenti sulla foto del Konvolut e quelle presenti sul cosiddetto papiro di Artemidoro non si sarebbero dovute sovrapporre, e invece proprio questo era accaduto. Le lettere raffigurate sulla foto del Konvolut – era questo il risultato della nostra indagine – non rispettavano le leggi della deformazione prospettica, alle quali alquanto strambamente il Morello ci richiamava.

(Collaborazione tecnica di Claudio de Simoni)

Bibliografia selettiva ed esplicativa

Le tre vite del Papiro di Artemidoro. Voci e sguardi dall'Egitto greco-romano, a cura di C. Gallazzi e S. Settis, Milano, Electa, 2006 [= *Tre vite*].

L. Canfora, *Il papiro di Artemidoro*, con contributi di L. Bossina, L. Capponi, G. Carlucci, V. Maraglino, S. Micunco, R. Otranto, C. Schiano, e un saggio del nuovo papiro, Laterza, Roma-Bari, 2008 [a) storia del testo della *Geografia* di Artemidoro di Efeso; b) traduzione fededegna del proemio del falso papiro; c) osservazioni bibliologiche e iconografiche sul papiro; d) studi testuali: infondatezza dell'attribuzione ad Artemidoro, anacronismi, errori geografici e fonti della falsificazione; e) la lingua del proemio: influssi bizantini e neo-greci; f) profilo del falsario Simonidis: come lavorava, cosa leggeva, quali furono le sue fonti; g) i falsi papiri di Simonidis a Liverpool].

C. Gallazzi, B. Kramer, S. Settis, *Il Papiro di Artemidoro (P.Artemid.)*, Milano, LED, 2008 [= ed. LED].

Wie kann das ein Artemidor-Papyrus sein? Ma come fa a essere un papiro di Artemidoro?, a cura di L. Canfora e L. Bossina, Edizioni di Pagina, Bari, 2008 [= *Wie kann*] [a) fonti del proemio dell'«Artemidoro»: la prefazione alla *Erdkunde* di Karl Ritter; elenco di *loci paralleli* reperibili in scrittori patristici e bizantini e nella prosa di C. Simonidis; b) storia del testo di Artemidoro: Marciano, Stefano di Bisanzio, Costantino Porfirogenito, pseudo-Artemidoro e il fr. 21 Stiehle; c) documenti sulla vita di Simonidis e la sua attività di falsario; d) errori e incongruenze nell'ed. LED dello pseudo-Artemidoro].

S. Settis, *Artemidoro. Un papiro dal I secolo al XXI*, Torino, Einuadi, 2008 [= *XXI secolo*].

Images and Textes on the «Artemidorus Papyrus», Working Papers on P.Artemid. (St. John's College Oxford, 2008), edited by K. Brodersen and J. Elsner, Stuttgart, Franz Steiner, 2009 [a) ipotesi concernenti il manufatto: paralleli grafici, ricomposizione dei frammenti, ambito di produzione, provenienza e riuso del rotolo; b) aspetti iconografici: i disegni e la mappa; c) relazioni tra il testo del papiro e i frammenti di tradizione indiretta: ipotesi di identificazione dell'autore].

Intorno al Papiro di Artemidoro. I: *Contesto culturale, lingua, stile e tradizione*, Atti del Convegno internazionale del 15 novembre 2008 presso la Scuola Normale Superiore di Pisa, editi da C. Gallazzi, B. Kramer, S. Settis con A. Soldati, Milano, LED, 2009 [= LED/2].

Il papiro di Artemidoro, Convegno internazionale di Studio (Rovereto, 29-30 aprile 2009), a cura di L. Canfora, «Atti della Accademia Roveretana degli Agiati. Classe di Scienze Umane, Lettere ed Arti», ser. VIII, vol. IX/A, Rovereto, Accademia Roveretana degli Agiati, 2009 [a) sulla scrittura del papiro e i suoi probabili modelli ottocenteschi; b) il proemio geografico dello pseudo-Artemidoro: durezze stilistiche e insensatezze concettuali, difficoltà nella traduzione e nell'inquadramento retorico, possibili fondamenti filosofici, nuove interpretazioni; c) *pro* e *contra* l'attribuzione a Simonidis: analisi del fr. 21 Stiehle nella tradizione indiretta e nello pseudo-Artemidoro].

G. Bastianini, *Sull'avvolgimento del rotolo di Artemidoro*, «APF» 55, 2009, pp. 215-221.

G.B. D'Alessio, *On the «Artemidorus» Papyrus*, «ZPE» 171, 2009, pp. 27-43.

L. Canfora, *Il viaggio di Artemidoro. Vita e avventure di un grande esploratore dell'antichità*, Rizzoli, Milano, 2010 [a) indagine sull'opera geografica di Artemidoro di Efeso e sui suoi viaggi in occidente; l'Epitome di Marciano di Eraclea; b) i viaggi di Simonidis in oriente e in occidente e la ricerca delle fonti manoscritte dello pseudo-Artemidoro: il Vatopedi 655 del Monte Athos e la mappa della Spagna, il Palatino greco 398 di Heidelberg, l'«Eudosso» e gli altri papiri del Louvre, il Parigino greco 2009 di Costantino Porfirogenito, i manoscritti parigini di Tzetzes e Niceforo Gregora, il Monacense greco 287; c) allestimento del «papiro di Artemidoro» e suo accantonamento: d) la biografia di Simonidis coincide con la biografia del vero Artemidoro].

L. Canfora, *La vera storia del papiro di Artemidoro*, Editoriale Stilos, Catania, 2010 [a) ricostruzione delle vicende recenti del «papiro di Artemidoro»; i differenti resoconti proposti dagli editori del papiro; b) fonti contemporanee di Simonidis: la monumentale opera di Ch. Kuffner *Artemidor im Reiche der Römer*; c) dimostrazione conclusiva della falsificazione della foto raffigurante il *Konvolut* da cui discenderebbe lo pseudo-Artemidoro (a cura di S. Granata e S. Bozzi)].

Indice dei nomi*

Adriano, Publio Elio Traiano, 83
Agatemero, geografo greco, 104n., 221
Akhenaton, faraone egiziano, 223
Alberto Pio, 92
Alceo, 14
Alekniene, Tatjana, 18n.
Alessandro Magno, 13, 46
Alighieri, Dante, 115
Anacarsi, filosofo, 77, 127
Annone di Cartagine, 89, 122
Antimo IV, patriarca di Costantinopoli, 111
Archiloco di Paro, 115
Aristotele, 13-14, 110-111, 118
Artemidoro, filosofo, 79-82, 84-86, 90
Artemidoro di Daldi, 82, 83 e n., 84, 89
Artemidoro di Pario, 85
Ateneo di Naucrati, 81

Athotis II, faraone d'Egitto, 208
Augusto, Gaio Giulio Cesare Ottaviano, 78, 169
Avieno, Rufo Festo, 116

Babcock, Robert Gary, 188
Bacchilide, 14
Backhouse, Edmund, 124
Barthélemy, Jean-Jacques, 77, 84
Bastianini, Guido, 24, 192n., 193
Battaglia, Salvatore, 115
Baumann, Hans, 67
Benedetti, Dario, 216
Benessia, Angelo, 63
Bienkowski, Piotr, 214
Blachakos, Petros, 99n.
Bontempi, Elza, 217
Bossina, Luciano, 107n.
Botti, Giuseppe, 216
Bottiroli, Giovanni, 72, 203n.

* Per la frequenza con cui ricorre nel testo, il nome di Artemidoro di Efeso non è inserito in questo indice. Questo indice è a cura di Maria Rosaria Acquafredda e Antonietta Russo.

Bouchardon, Edme, 179
Bozzi, Silio, 72, 226-227, 232, 234
Breccia, Evaristo, 176
Brugsch, Heinrich Karl, 216

Callieri, Carlo, 61
Callimaco di Cirene, 14, 115
Calvesi, Maurizio, 91, 120 e n., 228
Canfora, Luciano, 107n., 109n., 202n., 225, 230-231
Capponi, Livia, 214
Carcano, Laura, 222
Carioti, Antonio, 231
Carlo Magno, 26
Carlucci, Giuseppe, 8, 208n.
Cayol, Henri, 108, 111 e n., 112
Cesare, Gaio Giulio, 78, 84
Champollion, Jean François, 90
Cherobosco, Giorgio, 186
Chingshan, 124
Ciampi, Carlo Azeglio, 225
Cicerone, Marco Tullio, 74
Cinnamo, Giovanni, 116
Cleopatra VII, 118
Cosma Indicopleuste, 92
Costantino I il Grande, 26
Costantino VII Porfirogenito, 121, 168, 212
Croce, Benedetto, 191
Cuoco, Vincenzo, 84

D'Alessio, Giovan Battista, 24, 192n., 193
Daremberg, Charles, 95n.

David, Jacques Louis, 181
Del Corno, Dario, 46n.
Demetrio di Magnesia, 208
Democrito di Abdera, 212
Depero, Laura E., 217
de Simoni, Claudio, 236
Dewey, Melvil, 205
De Wit, Frederick, 178
Didimo di Alessandria, 14
Didot, Ambroise Firmin, 117
Didron, Adolphe Napoleon, 181, 207n.
Diller, Aubrey, 104
Dimitrakos, Dimitrios, 97n.
Dindorf, Karl Wilhelm, 208n., 211n.
Diocleziano, Gaio Aurelio Valerio, 118
Diodoro Siculo, 89
Diogene Laerzio, 208 e n.
Dionigi di Furna, 126, 179, 181-183, 207 e n.
Disegni, Dario, 223
Dodwell, Henry, 81
Domiziano, Tito Flavio, 29, 79, 82, 84, 212
Durand, Paul, 181, 207n.
Duride di Samo, 207, 208 e n., 213

Elkann, Alain, 61, 229-230
Eratostene di Cirene, 102-103
Erma, scrittore cristiano, 122
Ersch, Johann Samuel, 85
Esichio di Alessandria, 115
Esiodo, 115

Euripide, 175
Eusebio di Cesarea, 119
Eustazio di Tessalonica, 106, 107 e n.

Fabricius, Johann Albert, 85, 210, 211 e n.
Farrer, James, 213
Ferrero, Ernesto, 38, 40, 59
Filippo II di Macedonia, 13
Filone di Biblo, 108n.
Freytag, Gustav, 211n.

Gabalas, Manuele, 116, 118
Gaisford, Thomas, 185n.
Gallazzi, Claudio, 28 e n., 32n., 36 e n., 37 e n., 38, 40-42, 45-46, 47 e n., 48-49, 51, 55-56, 58-62, 64, 67, 173, 201, 224-225, 234-235
Gastgeber, Christian, 122n.
Gazis, Anthimos, 126
Gennadio Scolario, 119
Giustiniano I, imperatore, 118
Graefe, Christian Friedrich, 208
Granata, Salvatore, 72, 231-234, 236
Grande Stevens, Franzo, 63
Gregora, Niceforo, 86, 98-99, 125
Grimm, Günter, 36, 48, 56, 58-60, 235
Gronovius, Jacobus, 84n., 210
Grotefend, Georg Friedrich, 108n.

Gruber, Johann Gottfried, 85

Harless, Gottlieb Christoph, 85
Hase, Karl Benedikt, 122
Hawass, Zahi, 223-224
Hemiunu, visir egizio, 223
Horapollo, 89, 186
Hudson, John, 81
Hugo, Victor, 25
Humboldt, Alexander von, 91
Hunter, Richard, 45

Ibrahim Pascha, 112
Iperide, 14, 172
Ismail Pascha, 111
Isocrate, 13

Jombert, Charles Antoine, 178-179, 207n.

Kashaba Pasha, Ahmed Mohamed, 42, 47, 50-51, 55
Köchly, Hermann August Theodor, 95n.
Koenen, Ludwig, 45
Kramer, Bärbel, 24, 37, 40, 46-48, 54-58, 60, 64, 67, 173, 202, 221-222, 224
Kuffner, Cristoph, 77-80, 81 e n., 83-90, 93, 127, 169n., 212, 213 e n.

Lairesse, Gérard, 178-179
Lechner, Michael, 77
Lenormant, François, 124
Leopardi, Giacomo, 35

Machiavelli, Niccolò, 206
Maehler, Herwig, 13n.
Manuzio, Aldo, 98
Maraglino, Vanna, 8
Marcellus, Marie Louis Jean André Charles Demartin du Tyrac, comte de, 96n.
Marciano di Eraclea, 20n., 80, 81 e n., 84, 114, 116, 121, 125, 170-172, 205, 209, 213
Marco Aurelio, 83
Marcotte, Didier, 211n.
Mario, Caio, 119
Maroncelli, Piero, 78
Matteo, evangelista, 110n., 122
Matteo di Efeso, 116
Medvedev, Igor Pavlovic, 208n.
Meineke, August, 121
Mela, Pomponio, 170
Meletios di Ioannina, 21n., 86, 98-100, 118, 125
Ménage, Gilles, 208n.
Menippo di Pergamo, 81n.
Messina, Dino, 62, 225
Meursius (de Meurs), Jan, 84n., 210-213
Micunco, Stefano, 185n., 186
Mommsen, Theodor, 124
Mordtmann, Andreas David, 106 e n., 189n., 211n.
Morello, Paolo, 232, 236
Moréri, Louis, 85
Morghen, Raffaello, 178
Müller, Karl, 20n., 208n.

Namias, Sergio, 72

Nefertiti, regina egiziana, 223

Olimpiodoro neoplatonico, 18n.
Omar, califfo islamico, 111
Omero, 106-107
Otranto, Rosa, 8
Ottani Cavina, Anna, 91, 165n., 180 e n.

Paglieri, Marina, 224
Palefato, mitografo greco, 216 e n.
Panza, Pierluigi, 228, 230
Pellico, Silvio, 78
Pericle, 83
Philes, Manuele, 89
Pinto, Massimo, 8
Plinio Cecilio Secondo, Gaio (il Giovane), 79, 82, 85-86, 89, 127
Plinio Secondo, Gaio (il Vecchio), 88, 104n., 116, 121, 170, 208
Plotino, 18n.
Polibio di Megalopoli, 95n.
Porciani, Leone, 205n.
Posidippo di Pella, 45, 186
Proietti, Giuseppe, 231

Rauchhaupt, Ulf von, 221
Ritschl, Friedrich, 216
Ritter, Carl, 16n., 91, 120 e n., 124
Roccati, Alessandro, 229-230
Rüstow, Wilhelm, 95n.

Sabadin, Vittorio, 223
Saffo, 14
Saglio, Edmond, 95n.
Salvotti, Antonio, 78
Sancuniatone di Berito, 107, 108 e n., 109, 113
Schiano, Claudio, 8
Seneca, Lucio Anneo, 85
Sertorio, Quinto, 90
Settis, Salvatore, 36n., 40, 44, 46-52, 54, 58, 61-62, 67, 197, 201, 216, 224, 226
Ševčenko, Ihor, 122n.
Shelton, John, 56, 58-60, 64, 235
Sillig, Karl Julius, 121
Silvestri, Goffredo, 49
Simenon, Georges, 163
Simonian, Serop, 37n., 39-40, 42, 47-48, 50, 52, 55, 57-58, 60, 64, 69-70, 74, 176, 194, 235
Simonidis, Costantino, 60, 78n., 86-87, 89-91, 93, 96n., 99, 106, 107 e n., 108, 109 e n., 110 e n., 111 e n., 112-114, 118-119, 122-123, 126-127, 172, 179, 181-182, 189-191, 193n., 198n., 199, 202, 207, 208 e n., 209-210, 211 e n., 212-215, 216n.
Sofronio di Alessandria, 186
Stefano di Bisanzio, 121, 207, 209-210
Stephen, Emmel, 188
Stiehle, Robert, 20n., 209
Strabone di Amasea, 44, 79, 81, 84, 92, 98, 102-104, 116-117, 119-123, 125, 170-171, 212
Stückelberger, Alfred, 222

Tecco, Romualdo, 108 e n., 109
Teopompo di Chio, 14
Theotokis, Niceforo, 126
Tiberio, Giulio Cesare Augusto, 79, 88
Tolomeo, Claudio, 24, 92, 114, 116, 121, 123, 170-171, 202, 209
Traiano, Marco Ulpio Nerva, 79, 82

Uranios, 87, 208 e n.
Urbani, Giuliano, 61

Vassilika, Elena, 62, 229
Vidal, Jules Joseph Génie (Vitalis), 181
Vigna, Luigi, 189n.
Volpato, Giovanni, 178-179
Vos, Gerhard Iohann, 85, 208n.
Vos, Isaac, 126

Xylander (Holtzmann), Wilhelm, 92, 117

Wagenfeld, Friedrich, 108 e n.
Wildung, Dietrich, 41, 74
Wolf, Friedrich August, 107

Zedler, Johann Heinrich, 85
Zosimadai, fratelli, 126

Elenco delle tavole

1 «The Times Literary Supplement» 10 marzo 2006, p. 1
2a P. Artemid., ritratto iniziale (R1)
2b C. Simonidis, ritratto di Nicola di Metone
3a P. Artemid., ritratto iniziale (dettaglio)
3b C. Simonidis, ritratto di Nicola di Metone (dettaglio)
4a P. Artemid., ritratto finale (R23)
4b C. Simonidis, ritratto di Panselinos
5a P. Artemid., ritratto finale (dettaglio)
5b C. Simonidis, ritratto di Panselinos (dettaglio)
6 C. Simonidis, ritratto dell'evangelista Matteo in trono
7 Ch.A. Jombert, *Nouvelle méthode pour apprendre à dessiner sans maître*, Paris 1740, frontespizio
8a P. Artemid., tavola dei disegni del *recto* (R3-R20)
8b Ch.A. Jombert, *Nouvelle méthode pour apprendre à dessiner sans maître*, Paris 1740, tav. 13
9a P. Artemid., tavola dei disegni del *recto* (R3-R20)
9b F. De Wit, *Lumen picturae et delineationis*, parte I, tavola delle mani
10 G. Volpato-R. Morghen, *Principi del disegno tratti dalle più eccellenti statue antiche*, Roma 1786
11 F. De Wit, *Lumen picturae et delineationis*, parte I, tavola di mani e piedi
12 F. De Wit, *Lumen picturae et delineationis*, parte I, tavola delle mani

13 *Encyclopédie* (1763), *Planches*, vol. II, tav. 12
14 *Encyclopédie* (1763), *Planches*, vol. II, tav. 13
15 *Encyclopédie* (1763), *Planches*, vol. II, tav. 26
16a P. Artemid., tavola dei disegni del *recto* (R19-R23)
16b F. De Wit, *Lumen picturae et delineationis*, parte I, tavola delle teste
17a P. Artemid., tavola dei disegni del *verso* (V15 *kykliskos*)
17b F. De Wit, *Lumen picturae et delineationis*, parte I, tavola degli animali (dettaglio)
18 Ch.A. Jombert, *Nouvelle méthode pour apprendre à dessiner sans maître*, Paris 1740, tav. 6
19a Ch.A. Jombert, *Nouvelle méthode pour apprendre à dessiner sans maître*, Paris 1740, tav. 6 (dettaglio)
19b P. Artemid., tavola dei disegni del *recto* (R15)
20a Ch.A. Jombert, *Nouvelle méthode pour apprendre à dessiner sans maître*, Paris 1740, tav. 6 (dettaglio)
20b P. Artemid., tavola dei disegni del *recto* (R6)
21a Ch.A. Jombert, *Nouvelle méthode pour apprendre à dessiner sans maître*, Paris 1740, tav. 13 (dettaglio)
21b P. Artemid., tavola dei disegni del *recto* (R18)
21c C. Simonidis, ritratto di Nicola di Metone (dettaglio)
22a P. Artemid., tavola dei disegni del *recto* (R5)
22b El Greco, *Frate Hortensio Felix Paravicino*, 1609, Boston, Museum of Fine Arts (dettaglio)
23a P. Artemid., tavola dei disegni del *recto* (R10)
23b Raffaello, *Ritratto di Agnolo Doni*, 1520, Firenze, Galleria Palatina (dettaglio)
23c F. De Wit, *Lumen picturae et delineationis*, parte I, tavola delle mani (dettaglio)
24a F. De Wit, *Lumen picturae et delineationis*, parte I, tavola dei piedi
24b P. Artemid., tavola dei disegni del *recto* (R15)

24c P. Artemid., tavola dei disegni del *recto* (R13)

25 *Les proportions du corps humain, mesurées sur les plus belles figures de l'Antiquité*, Paris 1683, frontespizio

26 Ch. Le Brun, *Méthode pour apprendre à dessiner les passions*, Amsterdam 1702, frontespizio

27 G. De Lairesse, *Le grand livre des peintres ou l'art de la peinture*, traduit du Hollandois sur la seconde édition, t. I, Paris 1787, frontespizio

28a *Etymologicum Magnum*, ed. Gaisford, Oxford 1848, p. 28

28b P. Artemid., tavola dei disegni del *verso* (V12 *aigilops*)

29a Ἱστορία τοῦ ἑλληνικοῦ ἔθνους, XI, 1930

29b Το δημοτικό τραγούδι. Κλέφτικα, επιμέλεια Αλέξης Πολίτης, Αθήνα 1973

30a P. Artemid., *recto*, col. V (dettaglio)

30b Liverpool Museum, Collezione Mayer, M11169t: *Vangelo di Giovanni*, falso papiro realizzato da Simonidis

31a Vangelo di Matteo e lettera di Ermodoro: falso papiro realizzato da Simonidis (edito in *Fac-similes of certain portions of the Gospel of St. Matthew*, London 1861, tav. II e pp. 16-17)

31b P. Yale I, 19 (*recto*)

32 P. Artemid., tavola dei disegni del *verso*: *chenalopex* (V8) e impressione della mano R16 del *recto*

Indice

La meravigliosa storia del falso Artemidoro

Praemonitum 9

Parte I. Il falso del secolo
I   Scoperte e papiri 13
II Ma che c'è scritto nel cosiddetto papiro di di Artemidoro? (traduzione) 16
III «Tempesta sotto un cranio» 23
IV La favola delle «tre» vite 27
V Come apparve all'orizzonte il cosiddetto papiro di Artemidoro 36
VI Cronistoria del papiro di Artemidoro 44
VII Una foto falsata condanna lo pseudo-Artemidoro 65

Parte II. Il moderno artefice
VIII La traccia ottocentesca 77
Intermezzo 92
IX La traccia bizantina 94
X Quando la manipolazione diventa autolesionismo 101

XI Profilo dell'autore	106
Tavole	129

Parte III. Spiegazione dell'enigma

XII Il frammento sano	165
XIII Il mito del rotolone	173
XIV Le «tavole» del *recto*	178
XV Il *verso*: un cumulo di stranezze	184
XVI I rotoli erano tre	196
In conclusione	215
Appendice	219
Bibliografia selettiva ed esplicativa	237
Indice dei nomi	243
Elenco delle tavole	249

Questo volume è stato stampato
su carta Grifo vergata
delle Cartiere Miliani di Fabriano
nel mese di maggio 2011

Stampa: Officine Grafiche Riunite, Palermo
Legatura: LE.I.MA. s.r.l., Palermo

La memoria

Ultimi volumi pubblicati

601 Augusto De Angelis. La barchetta di cristallo
602 Manuel Puig. Scende la notte tropicale
603 Gian Carlo Fusco. La lunga marcia
604 Ugo Cornia. Roma
605 Lisa Foa. È andata così
606 Vittorio Nisticò. L'Ora dei ricordi
607 Pablo De Santis. Il calligrafo di Voltaire
608 Anthony Trollope. Le torri di Barchester
609 Mario Soldati. La verità sul caso Motta
610 Jorge Ibargüengoitia. Le morte
611 Alicia Giménez-Bartlett. Un bastimento carico di riso
612 Luciano Folgore. La trappola colorata
613 Giorgio Scerbanenco. Rossa
614 Luciano Anselmi. Il palazzaccio
615 Guillaume Prévost. L'assassino e il profeta
616 John Ball. La calda notte dell'ispettore Tibbs
617 Michele Perriera. Finirà questa malìa?
618 Alexandre Dumas. I Cenci
619 Alexandre Dumas. I Borgia
620 Mario Specchio. Morte di un medico
621 Giorgio Frasca Polara. Cose di Sicilia e di siciliani
622 Sergej Dovlatov. Il Parco di Puškin
623 Andrea Camilleri. La pazienza del ragno
624 Pietro Pancrazi. Della tolleranza
625 Edith de la Héronnière. La ballata dei pellegrini
626 Roberto Bassi. Scaramucce sul lago Ladoga
627 Alexandre Dumas. Il grande dizionario di cucina
628 Eduardo Rebulla. Stati di sospensione
629 Roberto Bolaño. La pista di ghiaccio
630 Domenico Seminerio. Senza re né regno

631 Penelope Fitzgerald. Innocenza
632 Margaret Doody. Aristotele e i veleni di Atene
633 Salvo Licata. Il mondo è degli sconosciuti
634 Mario Soldati. Fuga in Italia
635 Alessandra Lavagnino. Via dei Serpenti
636 Roberto Bolaño. Un romanzetto canaglia
637 Emanuele Levi. Il giornale di Emanuele
638 Maj Sjöwall, Per Wahlöö. Roseanna
639 Anthony Trollope. Il Dottor Thorne
640 Studs Terkel. I giganti del jazz
641 Manuel Puig. Il tradimento di Rita Hayworth
642 Andrea Camilleri. Privo di titolo
643 Anonimo. Romanzo di Alessandro
644 Gian Carlo Fusco. A Roma con Bubù
645 Mario Soldati. La giacca verde
646 Luciano Canfora. La sentenza
647 Annie Vivanti. Racconti americani
648 Piero Calamandrei. Ada con gli occhi stellanti. Lettere 1908-1915
649 Budd Schulberg. Perché corre Sammy?
650 Alberto Vigevani. Lettera al signor Alzheryan
651 Isabelle de Charrière. Lettere da Losanna
652 Alexandre Dumas. La marchesa di Ganges
653 Alexandre Dumas. Murat
654 Constantin Photiadès. Le vite del conte di Cagliostro
655 Augusto De Angelis. Il candeliere a sette fiamme
656 Andrea Camilleri. La luna di carta
657 Alicia Giménez-Bartlett. Il caso del lituano
658 Jorge Ibargüengoitia. Ammazzate il leone
659 Thomas Hardy. Una romantica avventura
660 Paul Scarron. Romanzo buffo
661 Mario Soldati. La finestra
662 Roberto Bolaño. Monsieur Pain
663 Louis-Alexandre Andrault de Langeron. La battaglia di Austerlitz
664 William Riley Burnett. Giungla d'asfalto
665 Maj Sjöwall, Per Wahlöö. Un assassino di troppo
666 Guillaume Prévost. Jules Verne e il mistero della camera oscura
667 Honoré de Balzac. Massime e pensieri di Napoleone
668 Jules Michelet, Athénaïs Mialaret. Lettere d'amore
669 Gian Carlo Fusco. Mussolini e le donne
670 Pier Luigi Celli. Un anno nella vita
671 Margaret Doody. Aristotele e i Misteri di Eleusi
672 Mario Soldati. Il padre degli orfani
673 Alessandra Lavagnino. Un inverno. 1943-1944

674 Anthony Trollope. La Canonica di Framley
675 Domenico Seminerio. Il cammello e la corda
676 Annie Vivanti. Marion artista di caffè-concerto
677 Giuseppe Bonaviri. L'incredibile storia di un cranio
678 Andrea Camilleri. La vampa d'agosto
679 Mario Soldati. Cinematografo
680 Pierre Boileau, Thomas Narcejac. I vedovi
681 Honoré de Balzac. Il parroco di Tours
682 Béatrix Saule. La giornata di Luigi XIV. 16 novembre 1700
683 Roberto Bolaño. Il gaucho insostenibile
684 Giorgio Scerbanenco. Uomini ragno
685 William Riley Burnett. Piccolo Cesare
686 Maj Sjöwall, Per Wahlöö. L'uomo al balcone
687 Davide Camarrone. Lorenza e il commissario
688 Sergej Dovlatov. La marcia dei solitari
689 Mario Soldati. Un viaggio a Lourdes
690 Gianrico Carofiglio. Ragionevoli dubbi
691 Tullio Kezich. Una notte terribile e confusa
692 Alexandre Dumas. Maria Stuarda
693 Clemente Manenti. Ungheria 1956. Il cardinale e il suo custode
694 Andrea Camilleri. Le ali della sfinge
695 Gaetano Savatteri. Gli uomini che non si voltano
696 Giuseppe Bonaviri. Il sarto della stradalunga
697 Constant Wairy. Il valletto di Napoleone
698 Gian Carlo Fusco. Papa Giovanni
699 Luigi Capuana. Il Raccontafiabe
700
701 Angelo Morino. Rosso taranta
702 Michele Perriera. La casa
703 Ugo Cornia. Le pratiche del disgusto
704 Luigi Filippo d'Amico. L'uomo delle contraddizioni. Pirandello visto da vicino
705 Giuseppe Scaraffia. Dizionario del dandy
706 Enrico Micheli. Italo
707 Andrea Camilleri. Le pecore e il pastore
708 Maria Attanasio. Il falsario di Caltagirone
709 Roberto Bolaño. Anversa
710 John Mortimer. Nuovi casi per l'avvocato Rumpole
711 Alicia Giménez-Bartlett. Nido vuoto
712 Toni Maraini. La lettera da Benares
713 Maj Sjöwall, Per Wahlöö. Il poliziotto che ride
714 Budd Schulberg. I disincantati
715 Alda Bruno. Germani in bellavista

716 Marco Malvaldi. La briscola in cinque
717 Andrea Camilleri. La pista di sabbia
718 Stefano Vilardo. Tutti dicono Germania Germania
719 Marcello Venturi. L'ultimo veliero
720 Augusto De Angelis. L'impronta del gatto
721 Giorgio Scerbanenco. Annalisa e il passaggio a livello
722 Anthony Trollope. La Casetta ad Allington
723 Marco Santagata. Il salto degli Orlandi
724 Ruggero Cappuccio. La notte dei due silenzi
725 Sergej Dovlatov. Il libro invisibile
726 Giorgio Bassani. I Promessi Sposi. Un esperimento
727 Andrea Camilleri. Maruzza Musumeci
728 Furio Bordon. Il canto dell'orco
729 Francesco Laudadio. Scrivano Ingannamorte
730 Louise de Vilmorin. Coco Chanel
731 Alberto Vigevani. All'ombra di mio padre
732 Alexandre Dumas. Il cavaliere di Sainte-Hermine
733 Adriano Sofri. Chi è il mio prossimo
734 Gianrico Carofiglio. L'arte del dubbio
735 Jacques Boulenger. Il romanzo di Merlino
736 Annie Vivanti. I divoratori
737 Mario Soldati. L'amico gesuita
738 Umberto Domina. La moglie che ha sbagliato cugino
739 Maj Sjöwall, Per Wahlöö. L'autopompa fantasma
740 Alexandre Dumas. Il tulipano nero
741 Giorgio Scerbanenco. Sei giorni di preavviso
742 Domenico Seminerio. Il manoscritto di Shakespeare
743 André Gorz. Lettera a D. Storia di un amore
744 Andrea Camilleri. Il campo del vasaio
745 Adriano Sofri. Contro Giuliano. Noi uomini, le donne e l'aborto
746 Luisa Adorno. Tutti qui con me
747 Carlo Flamigni. Un tranquillo paese di Romagna
748 Teresa Solana. Delitto imperfetto
749 Penelope Fitzgerald. Strategie di fuga
750 Andrea Camilleri. Il casellante
751 Mario Soldati. ah! il Mundial!
752 Giuseppe Bonarivi. La divina foresta
753 Maria Savi-Lopez. Leggende del mare
754 Francisco García Pavón. Il regno di Witiza
755 Augusto De Angelis. Giobbe Tuama & C.
756 Eduardo Rebulla. La misura delle cose
757 Maj Sjöwall, Per Wahlöö. Omicidio al Savoy
758 Gaetano Savatteri. Uno per tutti

759 Eugenio Baroncelli. Libro di candele
760 Bill James. Protezione
761 Marco Malvaldi. Il gioco delle tre carte
762 Giorgio Scerbanenco. La bambola cieca
763 Danilo Dolci. Racconti siciliani
764 Andrea Camilleri. L'età del dubbio
765 Carmelo Samonà. Fratelli
766 Jacques Boulenger. Lancillotto del Lago
767 Hans Fallada. E adesso, pover'uomo?
768 Alda Bruno. Tacchino farcito
769 Gian Carlo Fusco. La Legione straniera
770 Piero Calamandrei. Per la scuola
771 Michèle Lesbre. Il canapé rosso
772 Adriano Sofri. La notte che Pinelli
773 Sergej Dovlatov. Il giornale invisibile
774 Tullio Kezich. Noi che abbiamo fatto La dolce vita
775 Mario Soldati. Corrispondenti di guerra
776 Maj Sjöwall, Per Wahlöö. L'uomo che andò in fumo
777 Andrea Camilleri. Il sonaglio
778 Michele Perriera. I nostri tempi
779 Alberto Vigevani. Il battello per Kew
780 Alicia Giménez-Bartlett. Il silenzio dei chiostri
781 Angelo Morino. Quando internet non c'era
782 Augusto De Angelis. Il banchiere assassinato
783 Michel Maffesoli. Icone d'oggi
784 Mehmet Murat Somer. Scandaloso omicidio a Istanbul
785 Francesco Recami. Il ragazzo che leggeva Maigret
786 Bill James. Confessione
787 Roberto Bolaño. I detective selvaggi
788 Giorgio Scerbanenco. Nessuno è colpevole
789 Andrea Camilleri. La danza del gabbiano
790 Giuseppe Bonaviri. Notti sull'altura
791 Giuseppe Tornatore. Baarìa
792 Alicia Giménez-Bartlett. Una stanza tutta per gli altri
793 Furio Bordon. A gentile richiesta
794 Davide Camarrone. Questo è un uomo
795 Andrea Camilleri. La rizzagliata
796 Jacques Bonnet. I fantasmi delle biblioteche
797 Marek Edelman. C'era l'amore nel ghetto
798 Danilo Dolci. Banditi a Partinico
799 Vicki Baum. Grand Hotel
800
801 Anthony Trollope. Le ultime cronache del Barset

802 Arnoldo Foà. Autobiografia di un artista burbero
803 Herta Müller. Lo sguardo estraneo
804 Gianrico Carofiglio. Le perfezioni provvisorie
805 Gian Mauro Costa. Il libro di legno
806 Carlo Flamigni. Circostanze casuali
807 Maj Sjöwall, Per Wahlöö. L'uomo sul tetto
808 Herta Müller. Cristina e il suo doppio
809 Martin Suter. L'ultimo dei Weynfeldt
810 Andrea Camilleri. Il nipote del Negus
811 Teresa Solana. Scorciatoia per il paradiso
812 Francesco M. Cataluccio. Vado a vedere se di là è meglio
813 Allen S. Weiss. Baudelaire cerca gloria
814 Thornton Wilder. Idi di marzo
815 Esmahan Aykol. Hotel Bosforo
816 Davide Enia. Italia-Brasile 3 a 2
817 Giorgio Scerbanenco. L'antro dei filosofi
818 Pietro Grossi. Martini
819 Budd Schulberg. Fronte del porto
820 Andrea Camilleri. La caccia al tesoro
821 Marco Malvaldi. Il re dei giochi
822 Francisco García Pavón. Le sorelle scarlatte
823 Colin Dexter. L'ultima corsa per Woodstock
824 Augusto De Angelis. Sei donne e un libro
825 Giuseppe Bonaviri. L'enorme tempo
826 Bill James. Club
827 Alicia Giménez-Bartlett. Vita sentimentale di un camionista
828 Maj Sjöwall, Per Wahlöö. La camera chiusa
829 Andrea Molesini. Non tutti i bastardi sono di Vienna
830 Michèle Lesbre. Nina per caso
831 Herta Müller. In trappola
832 Hans Fallada. Ognuno muore solo
833 Andrea Camilleri. Il sorriso di Angelica
834 Eugenio Baroncelli. Mosche d'inverno
835 Margaret Doody. Aristotele e i delitti d'Egitto
836 Sergej Dovlatov. La filiale
837 Anthony Trollope. La vita oggi
838 Martin Suter. Com'è piccolo il mondo!
839 Marco Malvaldi. Odore di chiuso
840 Giorgio Scerbanenco. Il cane che parla
841 Festa per Elsa
842 Paul Léautaud. Amori
843 Claudio Coletta. Viale del Policlinico
844 Luigi Pirandello. Racconti per una sera a teatro

845 Andrea Camilleri. Gran Circo Taddei e altre storie di Vigàta
846 Paolo Di Stefano. La catastròfa. Marcinelle 8 agosto 1956
847 Carlo Flamigni. Senso comune
848 Antonio Tabucchi. Racconti con figure
849 Esmahan Aykol. Appartamento a Istanbul
850 Francesco M. Cataluccio. Chernobyl
851 Colin Dexter. Al momento della scomparsa la ragazza indossava
852 Simonetta Agnello Hornby. Un filo d'olio
853 Lawrence Block. L'Ottavo Passo
854 Carlos María Domínguez. La casa di carta